나는
고작 한번
해봤을 뿐이다

김민태 지음

나는
고작 한번
해봤을 뿐이다

내 삶을 바꾸는 한번 하기의 힘

지금 당장 나를 변화시키는
사소한 실천의 마법

혜화동

한 번의 시작, 10년의 변화

십여 년 전, 평범한 출근길에서 비롯된 사소한 선택이 내 삶을 이렇게 흔들 줄 몰랐다. 지하철 한 정거장 일찍 내리기 – 지나고 보니 인생의 변곡점이 될 만한 일이었다. 그로 인해 연결된 '작가로 사는 삶'은 내 인생 계획에 없었다. 애초에 무엇을 쓸지 정해 둔 것조차 없었으니까. 강연은 더한 일이었다. 대중 앞에 서는 걸 좋아하는 성향이 아니어서 오히려 꺼리는 일이었다.

그런 사람이 책을 세 권이나 더 내고, 강연을 하며, 출판 조언까지 하고 있다. 누군가에게는 책을 쓰고 강연하는 일이 대수롭지 않을 수 있겠지만, 애초에 계획조차 없던 내 처지에서 되돌아보면 놀라운 변화였다. 정말 인상적이었던 것은 《나는 고작 한

번 해봤을 뿐이다》를 읽은 독자들의 반응이었다. 스스로 명명한 '한번 하기' 철학은 나뿐만 아니라 내 주변의 삶도 계속해서 바꾸기 시작했다. 아래는 경남의 한 중학교 학생들이 보내 온 '한번 하기' 계획이다. 아이들은 '한번 하기'의 힘에 공감하며, 자신이 할 수 있는 만만한 계획을 하나씩 세워 선언했다.

- ✓ 오늘 게임을 1시간만 하겠다
- ✓ 오늘 친구들에게 농담을 한 번씩 하겠다
- ✓ 아침에 10분 더 빨리 출발하겠다
- ✓ 이번 한 달, 한 번도 수영 강습을 빠지지 않겠다
- ✓ 생각날 때마다 미루지 않고 해결해 보겠다
- ✓ 조금 더 일찍 일어나겠다
- ✓ 유튜브 보는 시간을 1시간 줄이겠다
- ✓ 하루에 물을 두 잔 이상 마시겠다
- ✓ 물 세 컵 마시기에 도전하겠다
- ✓ 하루에 10분 책을 읽겠다
- ✓ 10분 걷기에 도전하겠다
- ✓ 휴대전화는 하루에 한 시간만 사용하겠다
- ✓ 수업 시간에 질문을 한 번 하겠다

'한번 하기'의 힘은 바로 여기에 있다. 시작이 쉽다. 그러면서

도 행동의 영역이 생활 패턴 개선, 학습 관리, 건강 관리, 대인 관계까지 폭넓게 확장된다. 그중 어떤 것은 인생의 행로를 전환하기도 한다. 소셜 네트워크에는 자신의 '한번 하기' 경험을 인증하는 글과 사진이 올라왔다. 매일 아침 15분 명상으로 몸의 긴장을 푸는 사람, 재택근무를 시도했다가 삶의 방식을 바꾼 사람, 두려움을 이기고 처음 도전한 발표가 인생의 새로운 계기가 된 사람까지. 이 모든 이야기는 시대의 혁신가 스티브 잡스Steve Jobs가 말한 "인생은 점(경험)의 연결"이라는 마법을 다시 한번 확인시켜 준다. 지금 당장은 의미 없어 보이는 작은 행동, 그 '점'이 미래에 어떻게 연결될지는 아무도 모른다. 하지만 모든 '연결'은 결국 작은 '점'에서 시작되었다는 것을 시간이 흐르면 알게 된다.

🧍 10년의 일기를 꺼내어

다시 시작하는 마음으로, 내 안의 변화부터 차분히 기록했다. '한번 하기'와 '점의 연결'을 직접 확인하고 싶었다. 나는 어떤 시도를 했는가? 그 시도가 내 인생에 어떤 영향을 끼쳤는가? 시도하다 포기한 것은 무엇이며 이유는 무엇인가? 포기한 줄 알았는데, 다시 점으로 연결된 것은 얼마나 있는가? 이 작업을 위해 나의 두툼한 일기장을 하나하나 다시 들춰 보았다. 서른 후반에

나는 고작 한번 해봤을 뿐이다

쓰기 시작한 일기는 A4 용지 기준으로 지금까지 500쪽이 훌쩍 넘는다.

10년이 지나니 비로소 보인다. 그때는 미처 몰랐던 '점의 연결'. 과거를 보는 일은 일기의 힘을 확인하는 과정이기도 했다. 습관적 다짐, 선언해 놓고 그다음 날부터 삭제해 버린 거창한 계획들. '한번 하기'는 늘 같은 결과를 주지 않았다. 어떤 시도는 실패했고, 또 어떤 시도는 예상보다 긴 연결선 끝에서 꽃을 피웠다.

지난 10년간 일기장을 들여다보면 그 점들이 또렷하다. 예컨대 영어 공부는 대표적인 실패와 성공이 교차한 항목이다. 출근길에 영어 팟캐스트를 듣겠다는 계획은 오래가지 못했다. 하지만 이듬해 영어 회화책 한 권을 통째로 외운 도전은 확실한 성과를 냈다. 짧고 강하게 몰입한 '한번 하기'가 오히려 오래 기억에 남았다. 그러나 다시 해가 바뀌어 결심한 영어 다큐멘터리 시청 프로젝트는 다시 실패로 돌아섰다.

건강 관리는 다소 다른 궤적을 그렸다. 시작은 콜레스테롤을 낮추기 위한 목적이었다. 하루 한 끼를 귀리 우유로 대체하는 식이 요법을 실천했다. 이는 체중 감량과 수치 개선으로 이어졌고, 건강 측면에서 성공적인 '점의 연결'이었다. 그 밖에도 미나리

즙, 사과, 보이차 등 다양한 식품을 실험하며 몸을 관찰한 시도들이 있었다. 이것들은 즉각적인 성공으로 이어지지는 않았지만, 일상의 선택을 바꾸는 연습이 되어 주었다.

글쓰기는 더 장기적인 흐름 속에서 결실을 보았다. 육아 일기를 쓰기 시작했던 초기의 시도는 훗날 육아서 출간으로 이어졌다. 글쓰기는 기록이 어떻게 책 한 권이 되는지를 증명한 여정이었다. 《나는 고작 한번 해봤을 뿐이다》라는 책의 탄생도, 그 이후의 글쓰기 습관도 역시 '한번 하기'가 쌓여 만들어 낸 결과다. 그리고 2025년, 나는 다시 새로운 '한번 하기'를 시도했다. 일주일에 책 두 권을 읽고, 인상 깊은 문장을 손으로 쓰는 습관을 들였다. 이는 단순한 독서가 아니라, 삶의 리듬을 바꾸는 작지만 깊은 움직임이었다.

이 모든 기록을 연도별로 정리해 보니, 지난 10년간 총 13개의 시도 중 5번은 성공했고 8번은 실패했다. 숫자만 놓고 보면 큰 성과는 아닐지 모른다. 그러나 중요한 건 그것이 '한번 하기'였다는 점이다. 다시 말해 실패했다고 해서 가혹한 결과가 있는 것은 아니다. 체중 감량 같은 도전은 삶의 질을 전반적으로 끌어올렸다. 어떤 시도는 멈췄지만 어떤 시도는 다음 시도로 이어졌고, 또 어떤 시도는 예상치 못한 성과로 되돌아왔다. 실패도 점이 되고, 성공도 점이 된다. 그러니 연결될 때까지 계속해 보는 수밖에 없다. 나의 지난 10년의 기록은 본문에서 자세히 풀어낼 계획이다.

실패

⌐● 8번

✓ 영어 팟캐스트 꾸준히 듣기

✓ 영어 다큐멘터리 꾸준히 시청하기

✓ 눈 건강을 위해 블루베리 매일 먹기

✓ 커피 대체재로 보이차 먹기

✓ 매일 아침 운동하기

✓ 책 읽고 한 페이지 필사하기

✓ 회사에서 업무로 시작한 모바일 서비스 운영하기

✓ 책 읽고 칼럼 쓰기

성공

⌐● 5번

✓ 콜레스테롤 관리를 위해 하루 한 끼 귀리 우유 마시기

✓ 주 2회 아침 PT(퍼스널 트레이닝) 하기

✓ 육아 일기 쓰기

✓ 일주일에 책 두 권 읽기

✓ 책 읽고 한 문장 필사하기

불확실성의 시대, 더욱 빛나는 '한번 하기'의 가치

몇 년 전, 나는 장거리 출퇴근이라는 새로운 도전에 직면했다. 집에서 회사까지 편도 45킬로미터, 차량으로 이동할 때 평균 소요 시간 1시간 30분. 집중 출퇴근 시간 때는 2시간, 금요일 퇴근길은 무려 2시간 30분까지 걸렸다. 교통 혼잡을 피하려고 지하철을 선택해도 편도 2시간이 걸렸다.

이 문제를 해결하려고 나는 루틴을 약간 바꿨다. 참고로, 나는 이미 10년 이상 아침 5시 기상을 실천해 왔다. 일어나서 따뜻한 물을 마시고 샤워를 한 후, 책을 읽거나 글을 썼다. 따라서 기상은 문제가 없었다. 조금 변화를 준 것은 일어난 이후의 행동이다. 샤워한 후 집을 나와 자동차에 시동을 걸기로 했다. 새벽 시간이라 회사까지 1시간이 채 걸리지 않았다. 사무실에 6시에 도착했다.

한 번의 시도는 금세 새로운 루틴이 되었다. 새벽의 고요한 사무실에서 이메일을 체크하고 잡무를 처리하며 생산성이 높아지는 것을 체감했다. 당시 나는 회사에서 중간 관리자 업무를 맡고 있었는데, 직원들 출근 전까지 당일 업무 준비를 끝낼 수 있었다. 그렇게 2년의 세월이 흘렀다. 그러다 의문이 들었다. '이 황금 같은 시간에 이런 잡다한 일이나 처리하고 있다니.' 과거에 기상 후 집에서 했던 나만을 위한 시간은 온데간데없고 온통 회사 일이었다. 해야 할 일에 밀려 하고 싶은 일은 기억조차 나지 않았다. 게다가 해야 할 일이라는 것도 급하지만 중요한 일도 아니었다.

나는 이메일 체크를 미루고 책을 집어 들었다. 그런데 기대와 다르게 글이 눈에 들어 오지 않았다. '나중에 읽자.' 마음속에선 내적 저항이 은밀하게 작동했다. 변명을 보태자면 그 당시 나는 업무 과다로 책을 보고 싶다는 욕구가 발동하지 않았다.

그러던 중에 수도권 광역급행철도(GTX)가 개통되며 서울에 교통 혁명이 일어났다. 집에서 회사까지 단번에 가는 노선은 없었지만, 한 번의 환승만으로 기존 지하철 시간보다 무려 30분이나 시간을 단축할 수 있었다. 지하철에서는 사무실보다 책을 읽기가 좋았다. 지하철 독서는 금세 적응됐다. 첫차를 타고 나는 사무실에 7시에 도착했다. 그리고 지하철에서 읽은 책의 중요한 부분을 필사했다. 놀랍게도 이 작은 변화가 새로운 창작 욕구의 원천이 되었다. 행동경제학자 댄 애리얼리Dan Ariely가 말한 "진전의 가시화"를 체험하게 된 것이다.

출퇴근 시간의 불편함을 해결하려는 '한 번의 시도'가 몇 차례의 변형을 일으켜 아침 루틴의 변화로 이어졌다. 그것이 다시 창작의 에너지로 연결되었다. 여기 실린 글들은 그간의 변화를 비추어 새로 손본 것이다.

10년 전 내가 자각한 '한번 하기'의 힘은 의심의 여지가 없다. 변화의 속도가 빨라질수록, 완벽한 계획보다는 빠른 실행과 적응이 더 중요하다. 지난 10년은 우리 모두에게 예측할 수 없는 시간이었다. 팬데믹이 세상을 뒤흔들고, 일상의 풍경을 바꿔놓았다. 불안정한 경제와 급변하는 기술 환경은 우리의 미래를 더욱 불투명하게 만들었다.

그런데 이런 혼란스러운 시대일수록 '한번 하기'의 철학이 더욱 빛을 발할 수 있다. 작은 행동으로 위험 부담을 최소화하면서 변화의 시작점을 마련할 수 있기 때문이다. 도전하되 안전을 확보하는 것. 그것이 새로운 미래를 열고 동시에 현재를 지키는 일이다. 이 것은 미래가 불투명할 때, 체계적으로 계획할 수 없을 때 할 수 있는 가장 현실적인 방법 가운데 하나다.

기업들도 완벽한 계획을 세우느라 시간을 낭비하기보다, 작은 시도를 하고 피드백을 받아 빠르게 개선하는 조직 운영 방법을 더 장려하고 있다. 예컨대 아마존Amazon은 'Day 1' 문화 아래 완성된 계획보다 작게 실행해 보고 빠르게 개선하는 실험 정신을 강조한다. 드론 배송이나 무인 매장 '아마존 고Amazon Go'처럼 새로운 시도들은 언제나 제한된 범위에서 먼저 시험되고, 사용자 반응에 따라 확대 또는 철회된다. 넷플릭스Netflix 역시 완벽한 디자인보다 실제 사용자의 선택을 중시한다. 이를 위해 끊임없이 A/B 테스트*를 진행한다. 여러 버전의 홈 화면을 동시에 시험 적용해 반응을 비교하고, 데이터에 기반해 최적의 버전을 찾아낸다. 스포티파이Spotify는 '스쿼드Squad'라는 소규모 자율 조직을 통해 각 팀이 빠르게 아이디어를 실행하고 자체 피드백을 반영해 서비스를 개선한다. 이처럼 성공적인 기업들 가운데 적지 않은 곳이 '일단 한번 해 보고, 그다음에 배우자'는 태도를 실천하고 있다. 완벽을 기다리는 대신, 작게라도 실천함으로써 더 나은 방향을 찾아가는 것이다.

개인의 성장도 원리는 마찬가지다. 복잡한 목표와 계획으로 자신을 압박하기보다, 지금 바로 할 수 있는 '한번 하기'에 집중함으로써 빠르게 실행하는 것이 효과적이다.

---

* 두 가지(또는 그 이상의) 버전 중 어느 쪽이 더 효과적인지를 비교하는 실험 방법

- **글쓰기가 막막하다면, 책을 읽은 후 한 문장 필사하기**

  (나는 한 페이지 필사를 목표로 했다가 실패하고, 한 문장으로 전환한
  적이 있다. 지금은 한 문장 이상으로 실천하고 있다.)

- **운동이 부담스럽다면, 하루 10분 걷기**

  (나는 특별한 일이 없으면 승용차를 이용하지 않고 지하철을 이용함으
  로써 최소한의 걷기를 실천하고 있다.)

- **새로운 언어 공부가 어렵게 느껴진다면, 하루에 단어 5개 외우기**

  (지금은 실행하고 있지 않지만 하루 18개의 문장을 외워서, 결국 영어
  책 한 권을 통째로 외운 적이 있다.)

이런 작은 실천은 일의 시작을 방해하는 '마음의 저항'을 극
복하는 효과적인 방법이다. 뇌는 변화를 두려워하지만, 너무 작
아서 저항할 가치가 없다고 느끼는 행동에는 저항하지 않는다.
그리고 일단 시작하면, 계속할 확률이 높아진다.

10년 전 지하철에서 한 정거장 일찍 내려 걸었던 그날, 나는
그것이 나눌 만한 경험으로, 책으로, 강연으로, 그리고 수많은
사람의 변화로 이어질 줄 몰랐다. 하지만 그 작은 '점'을 찍었기
에 이후의 많은 변화가 가능해졌다. 작게 시작해도 괜찮다. 지

금, 당신의 '한번 하기'를 응원한다.

PART 1

나는 고작 15분 걸었을 뿐이다
사소한 실천의 힘

PART 2

나는 고작 30분 읽었을 뿐이다
대수롭지 않은 노력의 힘

나는 고작 15분 걸었을 뿐이다

사소한 실천의 힘

'한번 하기'의 힘

1월 2일. 첫 실천.
지하철 한 정거장 일찍 내리기.
뇌가 뛰고 위장의 역동이 느껴진다.

10여 년 전, 새해 첫 출근 날, 내가 페이스북에 올린 첫 포스팅은 단 세 문장이었다. 그때까지만 해도 나는 자동차로 출퇴근했다. 해가 바뀌면서 간단한 계획을 세웠다. 적어도 저녁 술자리가 있는 날만큼은 차를 집에 두고 출근하자. (자주는 아니었지만 대리운전 비용이 은근히 신경 쓰였다.)

페이스북에 올린 글은 오랜만에 지하철을 탄 뒤 적은 짧은 소

나는 고작 한번 해봤을 뿐이다

감이었다. 얼핏 특이점이 없는 일상이었지만, 그날의 일은 나에겐 잊지 못할 '사건'이 되었다. 사건의 개요는 이렇다. 지하철을 타고 출근한 그날, '별생각 없이' 한 정거장 먼저 내렸다. 집(성남시)에서 회사(서울시)까지 가기 위해서는 딱 한 번 지하철을 환승하는데, 그리고 나서 이동 구간이 겨우 한 정거장이다. 그날은 '한 정거장 더 가려고 굳이 갈아타야 하나?' 하는 생각이 들면서 환승하지 않고 그냥 내려서 걸었다. 그런데 회사에 가까워지면서 묘하게도 아쉬운 마음이 들었다. '5분 정도만 더 걸으면 기분이 더 좋겠는데….' 겨우 15분 걸었을 뿐인데 개운한 기분이 뇌를 감돌았다. '걷는다는 게 이런 기분이구나.' 먼 기억에서 건진 새삼스러운 느낌이었다.

그날의 일은 딱 여기까지였다. 하지만 진짜 사건은 이튿날부터 시작되었다.

1. 걷기가 출퇴근 '습관'으로 굳어졌다. 집에서 지하철까지 도보 30분. 특별한 일이 없으면 매일 걷는다.
2. 그 결과 고질적인 어깨 결림이 사라졌다.
3. 소화 기능도 좋아졌다.
4. 걸으면서 두어 번 멈춰 서는 습관이 생겼다. 무언가를 빨리 메모하기 위해서다. 걸을수록 아이디어가 떠오른다는 기대 심리가 생겼고,

더 열심히 걷게 됐다.

5. 한 해 66권의 책을 읽었다. 그중에서 반 이상은 지하철에서 읽었다. 전년도까지의 평균 독서량은 10권 남짓. 여섯 배 가까이 뛰었다.

6. 친구들과 저녁을 함께하는 시간이 늘었다. 차를 두고 나오니 심리적 여유가 생겼다. 사람을 많이 사귀겠다는 목표는 아니었다. 그저 대화의 '맛'을 봤기 때문이다. '몰입 이론'을 정립한 심리학자 칙센트미하이Mihaly Csikszentmihalyi는 이렇게 말했다. "좋은 대화는 즉흥적으로 이루어지는 재즈 연주와 같다. 처음에는 원래 악보대로 연주하지만, 점차 임의로 변주하면서 기가 막힌 새 작품이 탄생한다." 대화하면서 몰랐던 사실에 눈뜨게 될 때는 정말 시간을 붙잡고 싶을 정도로 몰입하게 되었다.

7. 정서적 측면에서 '비교적 맑음' 상태를 유지했다. '집에서 지하철 역까지 걷기-지하철에서 책 읽기-간헐적 저녁 모임의 수다'가 생활의 활력이자 아이디어의 원천이 되었다. 그 에너지는 회사 업무 전반에까지 영향을 미쳤다.

8. '좋은 계획이 행동을 이끄는 게 아니라, 작은 행동이 좋은 계획을 이끈다'는 새로운 신념이 생겼다. 난 이것을 (책을 쓰면서) '한번 하기의 힘'이라 부르기로 했다.

이 여덟 가지 변화가 고작 '15분 걷기'에서 비롯됐다. 한때 그것은 단지 '한번 해 보자'는 가벼운 행동에 지나지 않았다. 그동안 무수히 많은 계획과 목표를 세우며 나를 다잡았지만, 이렇게 보람 있는 결과로 이어진 경우는 드물었다. 그야말로 '한번 하기'의 위력을 실감했다. 바로 이 '작은 시작'에서 비롯된 예측하지 못한 결과들, 이것은 혁신의 아이콘인 기업가 스티브 잡스가 생전에 강조한 '점의 연결'을 잘 보여 주는 평범한 사례일 뿐이다.

🚶 미래를 바꾸는 점의 연결 connecting the dots

스티브 잡스는 2005년 스탠퍼드대학 졸업 축사에서 세 가지의 이야기를 들려줬는데, 단순한 개인의 경험담을 넘어 보편적인 인생의 통찰을 담고 있다.

> **1. 점의 연결** Connecting the dots
>
> 지금은 예측할 수 없지만 모든 점(경험)은 미래와 연결된다.
>
> **2. 사랑과 상실** Love and loss
>
> 순간의 좌절을 이겨 내면 더 큰 힘이 생긴다.
>
> **3. 죽음에 대하여** Death
>
> 남의 인생을 사느라 삶을 낭비하지 마라.

나는 스티브 잡스의 연설을 유튜브에서 보자마자 바로 꽂혔다. 처음에는 세 번째 메시지, 즉 '죽음'이 주는 교훈에 마음이 사로잡혔다. "만일 오늘이 내 인생의 마지막 날이라면, 나는 오늘 하려는 일을 정말 하고 싶은가?" 잡스는 "곧 죽을 수도 있다고 생각하는 것은 인생에서 큰 결정들을 내리는 데 가장 큰 도움을 주었다"라고 했다. 죽음 앞에서 타인의 시선, 실패의 두려움은 부질없다. 그것은 '지금 좋아하는 일을 하라'는 메시지였다.

그전까지 나는 '방송 피디로서의 영광은 수상 아니면 시청률 뿐'이라고 생각했다. 특히 당시는 방송사에서 '실적 압박'이라는 큰 돌이 어깨를 무겁게 누르고 있었을 때다. 그러나 스티브 잡스의 말을 듣고 처음으로 삶의 방향을 틀어야겠다는 욕구가 꿈틀댔다. 이 깨달음을 나와 똑같은 길을 걸을지도 모르는 후배들에게 알려 주고 싶다는 욕구가 솟구쳤다. 그리고 노트에 이렇게 썼다.

10대는 좋은 대학에 가기 위해 수능에 매달리고, 20대는 좋은 직장을 얻기 위해 스펙을 쌓지만, 정작 30대가 되면 다시 원점에서 꿈을 고민한다.

이 세 문장을 쓰고 나서 '진짜 책을 한번 써 볼까?' 하는 생각이 들었다. 그리고 떠오르는 대로 한 페이지씩 쓰기 시작했다. 석 달이 흘렀다. 뭔가에 홀린 듯한 느낌이었다. 그 기분은 마치 초등학교 시절 게임방에 드나들던 마음과 비슷하다고나 할까. 잠자리에 들 시간이면 '어서 빨리 내일이 왔으면 좋겠다'는 생각이 들 정도였다. 그렇게 해서 《일생의 일》이란 제목으로 첫 책이 출간됐다.

잡스가 전한 '죽음'에 대한 메시지에 감동한 결과물이 책으로 나온 것이다. 너무나 신기했다. 내가 책을 쓸 것이라고는 생각지도 못했고, 더군다나 치밀한 계획을 잡고 쓴 책이 아니기 때문이다. 이 과정이 바로 스티브 잡스의 첫 번째 메시지, '점의 연결'이다. 잡스는 '점의 연결'을 설명하기 위해 자신의 청년기를 들려줬다. 대학을 중퇴하고 청강했던 서체 강의가 10년 뒤 아름다운 글자체를 가진 매킨토시 컴퓨터를 만드는 데 큰 도움이 되었다는 것이 요지다. 중요한 것은 그 오래전의 행동이 그저 좋아서 한 것일 뿐, 나중에 자신에게 뭔가 크게 기여할 것이라고는 생각도 안 해 봤다는 사실이다. 미래를 내다보면서 점을 잇는 것은 불가능하지만, 지나고 나면 너무나 분명하다는 의미. 마치 '지구상 어딘가에서 일어난 조그만 변화가 예측할 수 없는 날씨의 원인이 된다'는 나비효과로 대표되는 카오스 이론의 생생한 사례를 목격하는 것 같았다.

제가 대학에 다닐 때만 해도 그 순간들이 미래와 어떻게 연관되는지 알 수 없었습니다. 그러나 10년이 지나고 보니 모든 것이 분명하게 보입니다. 달리 말하자면, 지금의 시점에서 여러분은 미래를 알 수 없습니다. 다만 현재와 과거의 사건들만을 연관시켜 볼 수 있을 뿐이죠. 그러므로 여러분은 현재의 순간들이 미래와 어떤 식으로든 연결된다는 것을 굳게 믿어야 합니다. 그것이 용기든, 운명이든, 인생이든, 인연이든, 무엇이든 마찬가지입니다. 지금 이 순간에 일어나는 일들이 먼 인생행로와 연관이 있다고 믿기만 하면, 설사 그것이 잘 닦여진 길에서 벗어난다 해도 자신의 마음을 따르도록 확신을 줄 것입니다. 그렇게 함으로써 여러분의 인생은 완전히 달라질 것입니다.

잡스의 메시지를 다시 정리해 보자. 잡스는 "지금의 '점(경험)'이 미래의 어떤 시점에 서로 '연결'된다는 것을 믿어야 한다"라고 조언했다. 나는 그의 조언을 믿는다. 직접 경험했기 때문이다. 또한 많은 선배와 위인도 표현만 다를 뿐 같은 메시지를 전한다. "세상의 모든 열매는 작은 씨앗에서 시작됐다"라는 것을. '점의 연결'도 마찬가지다. 무언가 연결되려면 먼저 '점'이 있어야 한다.

나는 고작 한번 해봤을 뿐이다

♟ '한번 하기'로 쌓은 작은 성공의 경험

1년 후, '15분 걷기'로부터 일어난 일을 〈허핑턴 포스트〉The Huffington Post 블로그에 올렸다. 지인의 우연한 권유가 계기가 됐다. 그런데 그 글이 20만 명이 읽을 만큼 꽤 관심을 끌었다. 한 달 뒤, 출판사로부터 출간 제안이 왔고 책을 쓰게 되었다. 출간은 이후에도 수많은 '점'으로 '연결'되었다.

예를 들면, 처음으로 공공기관이 아닌 기업으로부터 강의 요청이 왔다. 대학 시절 선망하던 기업이었다. 직원 중의 한 명이 나의 글을 보고 추천했다. 강의 주최는 마케팅 본부였고, 주제는 '변화와 혁신'이었다. 잠시 고민을 했다. 과연 내가 기업에 가서 직원들의 업무 역량 향상에 대해 말할 자격이 될까? 마케팅에 관한 전문성도 없을뿐더러, 혁신이라는 주제는 이미 단어부터 버거웠다. 하지만 하루 고민하고 승낙했다. 질문을 단순화시켰다. '언제 또 이런 자리에 설 기회가 있을까?' 이미 '점의 연결'을 경험했기 때문에 이전보다는 결정이 쉬웠다.

그리고 나에겐 전략이 있었다. 내가 알고 있고, 할 수 있는 얘기만 한다. 그러자 두려움이 사라졌다. 내 얘기를 하는데 누가 옳고 그름, 좋고 나쁨을 따질 것인가. 그 경험은 또 다른 점이 되었다. 기업 강의에 대한 공포가 사라졌다. 심지어 대기업 임원 대상 강의도 할 수 있었다. 이 연결의 힘을 느낀 것은 거의 10년이 지난 후였다.

'점의 연결' 이전에 먼저 찾아오는 감정이 있다. 언제나 밀려오는 후회. '왜 이것밖에 안 됐을까?' 하는 아쉬움이 있다. 하지만 그보다 더 큰 것은 뿌듯함이다. 그것은 안 해 본 것을 해 봤다는 '사실(점)'이었다. 무언가를 '해냈다'는 경험은 그 '맛'을 본 사람이라면 안다. 바로 자존감의 특효약이라고 하는 '작은 성공의 경험'이다. 작은 성공의 경험은 '어떤 난관도 극복할 수 있다는 강한 자신감' 즉 심리학에서 말하는 '자기 효능감'으로 발전한다. 심리학자 앨버트 반두라Albert Bandura는 "자기 효능감은 직접 문제를 해결해 본 경험에서 가장 강하게 형성된다"라고 했다. 처음부터 큰 성공을 꿈꾸기보다, 해 볼 만한 작은 도전을 통해 성공의 감각을 맛보는 것이 중요하다. 그 첫 성공이 '나도 할 수 있다'는 확신으로 이어진다.

나는 점차 '한번 하기'와 '점의 연결이라는 마법'을 신봉하게 됐다. 원인 없는 결과 없듯이, 모든 변화의 시작에는 비록 당시 보이지는 않아도 작은 '점'이 있었다. 이제 나는 우리 앞에 놓인 수많은 '작은 점', 즉 '한번 하기'에 대한 이야기를 하려고 한다. 현재의 작은 경험으로 미래의 어떤 변화로 연결되는 그 '맛'을 강력히 권하기 위함이다. '점의 연결'이 만들어 내는 변화야 내가 어찌할 수 없어도, 작은 점 하나 찍는 건 충분히 할 수 있는 일이다. '한 번의 용기', '한 걸음의 노력', '작지만 진심 어린 태도'라는 점을 꾸준히 찍어 간다면 인생은 우리에게 수많은 기회를 가져다준다.

우리는 살면서 최소 몇 번은 새로운 것을 시도한다. 살을 빼기 위해 헬스클럽에 등록하기도 하고, 목표를 관리하기 위해 책상 앞에 계획표를 붙이기도 한다. 기억나지 않을지 모르지만 우리는 모두 이로 인해 크고 작은 성공을 경험한 적이 있다. 바쁘다는 핑계로 잊어버리기에는 너무나 소중한 것들이다.

이제 기억을 되살려 '한번 하기(점 찍기)'의 놀라운 효과를 확인할 차례다. 목표는 최대한 작게 잡고 횟수는 최대한 늘린다. 그러다 보면, 가끔 가슴 뛰는 성취를 얻을 수 있다. 그 점이 또 다른 점으로 연결되는 경험을 한다면, 주체할 수 없을 정도의 황홀함을 느낄지도 모른다.

예를 들어, 다음과 같은 '한번 하기'는 '약간의 귀찮음' 혹은 '약간의 두려움'만 극복하면 누구나 할 수 있는 일이다.

- 자주 지각하는 사람이라면, 일주일 하루는 30분 일찍 일어나 본다.
- 다독이 새해 목표라면, 지하철에서만큼은 책을 읽는다.
- 발표가 두렵다면, 작은 회의 자리에서 질문을 한번 해 본다.
- 의사가 물을 많이 마시라고 권유했다면, 매일 한 잔씩만 더 마신다.
- 만난 사람들과 친해지고 싶으면, 헤어지고 돌아오는 길에 문자 메시지를 한 통 보낸다.

이 정도의 실천이라면 할 만하지 않을까? 몇 번만 성공하면 그다음부터는 어렵게 여기지 않을 일이다. 설령 일이 잘 안되더라도 실패로 느낄 만한 버거운 무게는 아니다. 오히려 작은 행동이 예상치 못한 '점'이 되어 새로운 길을 '인도'할 수도 있다.

실제로 무언가를 이룬 사람들의 인터뷰나 평전을 보면, 그들의 오늘을 만든 성공 경험이 나온다. 그런데 그 시작을 좇아가다 보면 그리 대단하지 않은 '작은 행동'과 관련된 에피소드가 있다. 이것이 바로 스티브 잡스가 말한 작은 '점'이다. 스티브 잡스의 말대로 당시의 그들은 이 '점'이 어떻게 연결될지 몰랐겠지만, 지나고 나면 이구동성으로 말한다. "내가 여기까지 오게 될 줄은 정말 몰랐습니다."

🚶 그들의 오늘도 '한번 하기'에서 시작됐다

소프트뱅크SoftBank사를 만든 손정의 회장이 무척 어렵게 공부해서 미국 대학에 입학했을 때의 일이다. 그는 적극적으로 학생들을 모아 컴퓨터 동아리를 만들었고, 특허를 통해 돈 벌 방법을 궁리했다. 경제적으로 자립하기 위해서였다. 그때 '하루에 발명 한 가지'라는 목표를 세웠다. 힘든 목표였지만 그는 발명 노트에 매일 하나씩 적으며 실천했다. 1년이 되자 200개가 넘는 생각들이 채워졌다. 그중 '음성 전자 번역기' 아이디어는 샤프Sharp사에 1억 엔에 팔리며 실제 실용화되기도 했다. 덕분에 손정의도 1981년 소프트뱅크사를 설립할 수 있는 종잣돈을 마련할 수 있게 됐다.

이처럼 작고 구체적인 목표에서 출발해 인생의 전환점을 만든 이야기는 다른 분야에서도 반복된다. 마이클 조던Michael Jordan은 135년 농구 역사에서 가장 위대한 선수로 평가받는다. 그에게 '에어 조던'이라는 명성을 가져다준 점프력의 비밀도 시작은 한 번의 높이뛰기였다. 조던은 고등학교에 들어갈 때만 해도 키가 180센티미터가 안 되었다. 농구 선수치고는 작은 키였다. 그러나 열정만큼은 그 누구보다 컸다. 이를 기특하게 본 아버지는 '높이뛰기를 한번 해 보라'고 조언했다. 아버지 역시 평소 '시도

하지 않으면 이룰 수 있는 것은 아무것도 없다'고 할 만큼 실천 정신을 중요하게 생각했던 사람이다. 조던은 작은 키를 보완하기 위해 하루에도 수백 번씩 연습을 했다. 그 결과 제자리에서 거의 1미터를 뛸 수 있게 되었다. 한 번의 높이뛰기 그리고 매일매일의 연습 결과가 환상적인 실력으로 연결된 것은 의심의 여지가 없다.

운동선수의 몸에서 비롯한 불편함이 또 하나의 계기로 작용한 사례도 있다. 주목받지 못하던 미식축구 선수였던 케빈 플랭크Kevin Plank는 누구보다 열심히 뛰었지만, 불행하게도 그는 유독 땀이 많은 체질이었다. 휴식을 취할 때마다 땀에 젖은 무거운 옷은 불쾌하기 그지없었다. 하루는 티셔츠의 무게를 달아 보니 무려 1.4킬로그램이나 나갔다. 경기력에 지장을 줄 정도의 무게였다. 그는 '왜 누구도 이보다 더 좋은 운동복을 만들지 않을까?' 하는 의문이 들었다. 그래서 그는 자신에게 맞는 옷을 한번 만들어 보기로 했다. 땀을 덜 흡수하는 소재로 바꾸면 좀 더 잘 뛰지 않을까 싶어서, 대학 근처의 원단 상점을 찾아갔다. 이곳에서 합성섬유로 만든 옷이 면보다 땀을 더 잘 배출한다는 사실을 알게 되었고 이를 바탕으로 개발한 티셔츠는 팀원들에게 극찬을 받았다. 이를 계기로 대학 졸업 후 본격적으로 스포츠 의류 사업에 뛰어들었고, 그가 만든 언더아머Under Armour는 나이키Nike, 아디다스Adidas와 어깨를 겨루는 세계적인 스포츠 브랜드가 됐다.

이처럼 전혀 다른 상황과 분야에서 시작된 '한 번의 행동'은 놀라운 결과로 이어졌다. 한번 해 보는 작은 도전(점)에서 시작해 성공한 사례는 무수히 많다. 동생을 돕다가 교육의 새로운 가능성을 찾은 애널리스트, 엔지니어 출신의 베스트셀러 작가, 농구복을 벗고 농사꾼이 되어 도시를 바꾼 혁신가…. 나는 이런 성취를 이룬 사람들의 삶을 탐구하면서 그들의 '시작'이 그렇게 대단하지 않았다는 것을 알게 됐다. 모든 것은 '점(작은 행동)의 연결(기회)'이 만든 결과물(성공)이다. 피카소Pablo Picasso처럼 비교적 재능을 일찍 깨달은 사람들에게도 잘 알려지지 않았을 뿐이지 '작은 점'이 있었다. 이들의 삶을 들여다볼수록 더욱 선명해지는 건, 좋은 계획보다 한 번의 행동이 인생을 더 극적으로 이끈다는 사실이다.

이제 본격적으로 '점의 연결'이라는 마법과 그 시작에 있었던 '한번 하기'의 힘을 확인해 보자.

'사소한 실천'이 인생을 극적으로 이끈다

우리는 책이나 강의를 통해 많은 것을 배운다. 소중한 배움의 과정이지만 직접 해 보는 것은 질적으로 다른 경험을 얻는다. '한번 해 보기'는 실전으로 뛰어드는 학습이다. 책으로 수영을 배울 수 없듯이, 어떤 것은 시도 없이 바꿀 수 없다.

스탠퍼드대학의 B. J. 포그B. J. Fogg 교수는 극심한 스트레스와 불면증에 시달린 적이 있다. 그때 자신의 전공인 '행동과학 이론'을 적용해서 건강한 습관을 만들 수 있지 않을까 생각하게 된다. 포그 교수는 자신을 대상으로 실험을 했다. 먼저 생활에 도입하고 싶은 행동을 시도했는데, '소변을 본 후 팔굽혀펴기 2개 하기' 같은 사소한 행동이 큰 효과가 있었다. 교수는 자신이

나는 고작 한번 해봤을 뿐이다

실험한 방법을 사람들에게 가르치며 작은 행동의 힘에 관한 다양한 연구를 진행했다. 그는 연구를 '작은 습관 이론'으로 명명했다. 사람들이 거창한 목표를 세우고 이를 지키지 못하는 이유는 변화가 너무 크기 때문이라고 설명한다. 예를 들어, '매일 50개의 팔굽혀펴기를 해야겠다'는 목표를 세우면 부담이 커서 쉽게 포기할 수 있다. 그러나 목표가 '매일 아침 1개의 팔굽혀펴기를 한다'는 것이라면 지속 가능성이 커진다. 이러한 원리를 바탕으로, 포그 교수는 20년간 6만 명의 데이터를 분석하여 습관 형성의 과학적인 원리를 탐구했다. 그 결과 습관 형성의 핵심 전략을 제시했다. 그중에서 가장 중요한 것은 습관화하고자 하는 행동을 아주 작게 쪼개고 나누라는 것이다.

《아주 작은 습관의 힘》Atomic Habits의 저자 제임스 클리어James Clear도 처음부터 습관 설계 전문가는 아니었다. 클리어는 고교 시절 촉망받는 야구 선수였다. 화려한 미래를 꿈꾸던 삶은 한순간에 뒤바뀌었다. 연습 중 동료의 야구 배트가 그의 얼굴을 강타한 것이다. 이 끔찍한 사고로 얼굴뼈는 산산조각이 났고, 한쪽 눈은 튀어나와 실명 위기에 처했으며, 심정지가 세 번이나 발생했다. 한때 운동장을 누비던 그가 이제는 걸음조차 떼기 힘든 상황에 부딪쳤다. 하지만 클리어는 절망에 빠지는 대신 특별한 결심을 했다. '지금 당장 할 수 있는 아주 작은 일이라도 찾아 그것을 반복하자.' 이 단순한 결심이 그의 인생을 완전히 바꾸게 되었다. 매일 한 걸음, 한 걸음씩 내딛는 작은 실천으로 시작했다. 처음에는 몇 발자국이 전부였지만, 그 작지만 꾸준한 노력이 쌓여 6개월 만에 운동을 할 수 있게 되었다. 그리고 놀랍게도 6년 후, 그는 대학에서 운동선수로 복귀해 성공적으로 활약했다. 클리어 인생의 가장 어두운 순간에서 자신을 구원한 것은 바로 '걷기의 힘'이었다.

나 역시 습관과 관련한 성공 경험이 있다. 그중의 으뜸은 앞서 언급한 '걷기'다. 걷기가 습관이 되면서 몸이 건강해진 것은 물론 지하철 독서를 통해 목표 이상의 책을 읽었고, 마침내 책을 쓰는 데까지 이르렀다. 되돌아보면 어쩌다 이렇게 되었나 싶지만, 그 시작은 가벼운 걷기였다. 그것도 계획에도 없는 우발적인 걷기(지하철 한 정거장 일찍 내리기)였다! 그날 이후로는 가까운 길을 두고도 일부러 돌아갈 만큼 걷기를 사랑하게 됐으며, 주위 사람들에게 걷기의 전도사를 자처했다. 그때마다 나는 그들이 관심을 가질 만한 것들을 던졌다. "어깨 결림만큼은 확실히 없어진다."(방송 피디는 오랜 시간 일하는 직업이다 보니 만성 어깨 결림 환자들이 주위에 널려 있다.) 걷기를 습관으로 삼기에 좋은 이유는 만만하다는 점 때문이다. 누구나 매일 밥을 먹고 잠을 자듯이 걷기도 마찬가지다. 평소에 걷는 시간을 조금만 늘리면 습관에 가까워진다. 그러면서 차츰 성공 경험을 쌓아가기 때문에 멈추기조차 힘들어진다.

🚶 걸으면 진짜 길이 생긴다

'모두가 똑같은 하루를 보내는데, 왜 어떤 사람들은 더 많은 것을 이루어 내는 것일까?' 평범한 잡지사 에디터였던 메이슨 커리Mason Currey는 어느 날 이런 생각을 했다. '그들이 쓰는 24시간은 도대체 나와 뭐가 다른 걸까?' 그는 그때 받은 영감을 블로그에 글로 남기기 시작했다. 토머스 홉스Thomas Hobbes에서 무라카미 하루키까지 지난 400년간 가장 위대한 '창조자'로 꼽히는 인물들의 '하루 습관'에 대해 조사를 시작했다. 무려 7년의 작업 끝에 마침내 《리추얼》Daily Rituals이라는 이름의 책이 탄생했다. 《성공의 법칙》Psycho-Cybernetics을 쓴 맥스웰 몰츠Maxwell Maltz 역시 "무언가를 21일 연속으로 하면 습관이 된다"라고 했다. 이 습관에 '의미'가 부여되면 리추얼, 즉 의식과 같은 일이 된다.

창조적인 인물들에게는 하루를 보내는 일정한 반복 패턴이 있었다. 가령 무라카미 하루키는 새벽 4시에 일어나 여섯 시간을 쉼 없이 일하고, 낮에는 달리기나 수영을 했고, 저녁 9시에 잠이 들었다. 영화감독 우디 앨런Woody Allen은 수시로 샤워를 했다. 프랑스의 국민 시인 빅토르 위고Victor Hugo는 지극히 사소한 아이디어라도 입에 올리면 곧바로 노트를 꺼내 방금 말한 것을 적었다. 이 리추얼 중 압도적으로 1위에 오른 것은 '천천히 걷기', 즉 산책이었다.

- 영국의 대문호 찰스 디킨스Charles Dickens는 매일 오후 2시부터 5시까지 세 시간 동안 산책하며 소설의 줄거리를 구상했다.
- 작곡가 차이콥스키Pyotr Il'ich Tchaikovsky는 매일 아침 45분간 산책을 했고 점심 식사 후에도 다시 두 시간 동안 산책했다.
- 《실낙원》을 쓴 존 밀턴John Milton은 점심 식사를 마치고 정원을 서너 시간 동안 산책했다.
- 베토벤Ludwig van Beethoven은 오후 시간 대부분을 산책에 할애했다.
- 실존주의 철학자 키르케고르Søren Aabye Kierkegaard는 오후의 대부분을 산책하고 나서 글쓰기에 몰두했다.
- 진화론의 창시자 찰스 다윈Charles Robert Darwin은 아침, 점심, 늦은 오후 이렇게 하루 세 번 산책에 나섰다.

"산책에서 돌아온 디킨스는 에너지의 화신처럼 보였습니다." 디킨스 처남의 증언이다. 많이 걸어 본 사람은 안다. 평범하지 않은 아이디어를 건져 올렸는데, 어찌 흥분하지 않을 수 있겠는가. 키르케고르는 산책 도중에 기막힌 생각이 떠오르면 서둘러

나는 고작 한번 해봤을 뿐이다

돌아와 모자도 벗지 않은 채 책상 앞에 앉았다. 베토벤은 아예 펜과 오선지를 주머니에 넣고 걸어 다녔다.

철학자 루소는 "철학의 첫 스승은 우리의 발이다"라는 말로 생각을 키우는 걷기의 힘을 역설했다. 걸으면 창의력이 높아질 수 있다. 과학자들이 밝혀낸 이 메커니즘의 핵심은 뇌의 휴식이다. 그래서 창의력을 흔히 "여유의 작품"이라고 말하기도 한다. 이 원리를 응용하면 창의력을 없애는 방법은 간단하다. '더 빠르게, 더 많이'와 같은 구호대로 시간에 '강한 압력'을 가하면 된다.

대학생 176명을 대상으로 한, 2014년 스탠퍼드대학의 창의력 연구에 따르면, 실험에 응한 사람들 대부분은 '걸을 때' 창의력이 돋보이는 답변을 제시했다. 반면 단순한 질문에는 '앉아서 답할 때' 결과가 좋았다. 연구진은 "창의적인 사고가 필요한 상황에서는 최소한 실내에서라도 왔다 갔다 걷는 것이 도움이 될 수 있다"라는 의견을 제시하기도 했다.

최근에 주목받고 있는 '신경 심장학'은 걷기와 관련 강력한 시사점을 준다. 이 학문에 따르면 심장은 "제2의 뇌"나 마찬가지다. 심장이 뇌의 신호를 받기만 하는 수동적인 기관이 아니라,

뇌와 신호를 주고받는 독자적인 신경 기관이라는 의미다. 우리가 이미 알고 있듯이 짜증, 좌절, 분노를 느끼면 심장박동이 불규칙해진다. 그런데 거꾸로 심장의 건강이 좋지 않으면 뇌의 정서에도 부정적인 영향을 준다. 이때 도움이 되는 것이 걷기다. 걷기와 같은 유산소운동은 심근을 강화하고 심박의 균형을 잡아 주어 뇌의 활동을 돕는다.

🚶 무언가 바꿔야 한다고 느낄 때

《습관의 재발견》Mini Habits을 쓴 스티븐 기즈Stephen Guise는 우리가 어떤 행동을 하고자 할 때 사용할 수 있는 전략은 두 가지가 있다고 말한다. 첫 번째 '선先 동기부여-후後 실천'이다. 예를 들면 자기가 좋아하는 일을 우선 발견하고 그다음에 그 일을 열심히 하는 것이다. 이 전략은 완벽하리만큼 논리적이다. 하지만 그 '발견'이란 것이 너무 어렵다. 그래서 스티븐 기즈는 두 번째 행동 전략, '작은 것이라도 일단 하기'를 제안한다. '선 실천-후 동기부여'다. 무언가를 한다는 것은 경험한다는 것이고, 그것을 해냈다면 성공을 경험한 것이다. 더 잘하고 싶은 동기가 따라온다. 특히 습관은 한번 형성되면 날마다 개선되는 행동을 눈으로 확인할 수 있어서 효과가 강력하다.

나는 고작 한번 해봤을 뿐이다

스타벅스를 만든 하워드 슐츠Howard Schultz가 2008년 1월에 복귀한 후 가장 먼저 한 일은 '아침에 일찍 일어나기'였다. 회사를 머리부터 발끝까지 새롭게 리모델링하겠다는 원대한 목표의 시작이었다. 그때부터 전날 몇 시에 잠자리에 들었든지 상관없이 새벽 5시 반에 알람을 맞춰 놓았다. 일어나자마자 커피를 끓이고, 세 개의 신문을 읽었다. 그러고 나선 전날 매출 결과를 요약한 음성 사서함을 열었다. 지구상 어딘가에 깨어 있는 영업점이 있는 만큼, 이들을 효율적으로 관리하기 위한 의지였다. 2008년 2월 26일, 미국 내 스타벅스 직영 매장 대부분이 문을 닫고 바리스타들이 고객 서비스에 대한 재교육을 받은 일화는 유명하다. 그 시작이 바로 CEO의 일찍 일어나는 습관에 있었다.

습관의 힘은 행동의 힘과 같은 맥락에 있다. '먼저 행동하고 그 결과를 본다', 이 말은 자존감을 높이기 위한 훈련과 의미가 통한다. 자신이 뭔가를 실행에 옮기고 '해냈다'는 느낌이 드는 것만큼 의욕을 유발하는 일은 없다. 전보다 더 유능한 사람이 되었는데, 이를 멈출 수 있을까. 한번 해내면 그 중독성에서 쉽게 헤어나지 못하게 된다. 이것이 바로 '작은 성공 경험'의 힘이다. 우리는 좋은 습관을 갖고 싶어 한다. 일찍 일어나기, 운동하기, 책 읽기, 바른 자세 갖추기…. 사람마다 습관의 대상은 다르지만 자주 실패한다는 점에서는 비슷하다. 그렇다면 일단 성공을 전략으로 하면 어떨까. 성공의 비법은 아주 만만한 것을 조금씩 하는 것이다. 나는 걷기보다 더 쉬운 걸 찾아내지 못했다. 하루에 5분씩만 더 걸어 보자. 한 달을 할 수 있다면 10분 더 걷기는 일도 아니게 될 것이다.

아무것도 하지 않으면
아무 일도 일어나지 않는다

어느 날 저녁, 선배 H로부터 전화가 왔다. "별일 없으면 나올래?" 여느 때처럼 저녁 식사 후 사무실에서 잡무를 처리하고 있던 터였다. '어? 지금 무슨 상황이지?' 순간 어리둥절했지만, 그가 왜 나를 부르는지, 누구랑 있는지 따윈 중요하진 않았다. 설사 내게 별일이 있었어도 나갔을 것이다.

H는 다큐멘터리의 거장이다. 그의 대표작을 보고 충격을 받은 사람은 나뿐만이 아니다. '아, 우리나라도 BBC 수준의 다큐멘터리를 만들 수 있구나!' 하고 감탄하게 만든 주인공이었다. H는 매 작품 굵직한 상을 싹쓸이했고, 그의 작품은 모두 해외로 수출됐으며, 30대 중반에 이미 한국 방송 다큐멘터리의 정상에

섰다. 그는 방송 피디를 넘어 영화감독으로 입지를 다져 가고 있었다. 데뷔작 영화 〈점박이〉는 100만 관객 리스트에 이름을 올렸다. 역대 한국 애니메이션으로는 〈마당을 나온 암탉〉에 이어 두 번째, 3D 애니메이션 중에서는 최초다. 이런 인물이 나와 같은 방송사의 피디라는 사실만으로도 감사하다. 그런 선배가 나에게 먼저 연락을 한 것이다. '이게 웬 자존감 떨어지는 소리냐'고 할 수도 있겠지만, 당시 솔직한 심정이 그랬다. H의 처지에서 보면 후배가 한둘도 아니고, 나는 내세울 만한 프로그램도 없는 그저 그런 피디였기 때문이다.

선배가 '내게 소개해 주고 싶은 사람이 있다'며 소개한 J는 편집 회사의 대표 겸 감독이었다. 만남은 급작스럽게 이루어졌고, 깊이 있는 얘기보다는 가볍게 먹고 마시고 웃고 떠들다 헤어졌다. 나중에 생각해 보니 그날은 내 피디 생활에서 가장 큰 전환의 '점'이었다.

🚶 우연히 찍게 된 점 하나

1년 후, 믿을 수 없는 일이 벌어졌다. 내가 만든 다큐멘터리가 방송계 3대(피디, 작가, 촬영감독) 협회에서 주는 '작품 대상'으로 선정된 것이다. 누가 봐도 놀랄 만한 일이었다. 나 역시 꿈만 같

나는 고작 한번 해봤을 뿐이다

앉다. 선정된 프로그램 〈시대의 초상〉은 인터뷰 다큐멘터리로, 괄목할 만한 족적을 남긴 거장들의 자전적 육성을 통해 한국을 조명해 보고자 기획되었다. 피디가 8명이나 투입될 정도로 편성팀에서도 소위 '밀어주는' 프로그램이었다. 놀라운 건 최초의 기획자는 H였고, 연출자는 내가 1번 타자가 됐다는 사실이다.

경력이 가장 떨어지는 내가 첫 순위가 된 것은 전적으로 우연이었다. 모두가 전 프로그램의 마무리 작업에 걸려 새로운 프로그램에 투입될 수 없는 상황에서 그나마 내가 여건이 나았던 것이었다. 게다가 애초 첫 편을 맡은 피디에게 사정이 생겨 내가 그 자리를 대체할 수밖에 없었다. 그 결정 이후, 나는 꼬박 열흘 동안 집에 들어갈 수가 없었다. 당시는 운이 나빴다고 생각했지만 지나고 보니 엄청난 행운이었다. 온갖 특권을 누릴 수 있었기 때문이다. H는 숨은 연출자처럼 나를 도와줬다. 작가와 카메라 감독도 최고의 실력자들이 붙었다. 게다가 편집 감독은 H의 오랜 파트너 J였다. 눈물이 날 정도로 고맙게 나를 도와줬다. 내가 '불쌍하고! 기특하고! 첫 편을 맡았다는 이유로!' 제작이 완료될 때쯤 문득 이런 생각이 들었다. 도대체 '난 뭘 한 걸까?'

이 프로그램을 계기로 난 또 다른 선배에게 끌려(?)갔고, 아동 발달에 대한 5부작 다큐멘터리를 연출하게 됐다. 이번에는 수상은 물론, 대중적 반응도 높았다. 강의와 인터뷰 요청이 쇄도했고 관련 책은 수십만 부나 팔렸다. H에서 시작된 행운의 '점'이 다른 점으로 '연결'되었다. 이것이 끝이 아니다. 그다음 '점'으로의 '연결'은 기획의 대가 K와의 만남이다. K는 한국을 인문학 열풍에 빠지게 한 도올 김용옥의 〈노자와 21세기〉, EBS를 다큐멘터리의 명가로 만든 〈다큐프라임〉의 기획자이면서 편성기획부장이었다(나중에는 EBS 최초의 자사 출신 사장이 되었다). 시간이 지나 알게 됐지만, H가 나를 강력히 추천했다고 한다.

2년 동안 K의 부서원으로 있던 때는 기획에 대한 심층 수업을 받은 시기나 마찬가지였다. 선택과 집중의 대상을 찾을 수 있는 안목, 팀플레이를 통해 아이디어를 수정하는 과정, 밀고 나가는 뚝심. 당시 이러한 과정을 경험할 수 있었다.

🚶 한 번의 부탁

이 모든 '연결'의 시작은 '한 번의 부탁'이었다. "선배님, 술 한번 사 주세요." 난 H에게 이 말을 했고, H가 기억했다가 나를 부른 것이었다. 하지만 이것은 느닷없는 부탁과 수락의 결과만은 아니다. 난 H를 볼 때마다 팬을 자처했고 프로그램 제작에 대해 뭔가를 물어봤다. 여기서 중요한 건 부탁의 말을 직접 '했다'

는 사실이다. 당연한 일이지만, 그렇지 않았다면 그날의 만남은 존재하지 않았을 수도 있다. 더 놀라운 사실은, H도 나에게 자신의 경험을 나누어 주는 일을 보람 있게 생각했다는 것이다. 나는 질문하고 그는 대답하는 이런 과정은 수시로 있었다.

심리학 용어 중에 '프랭클린 효과'가 있다. 벤저민 프랭클린 Benjamin Franklin은 피뢰침을 발명한 과학자이자 18세기 미국이 독립하는 데 큰 역할을 한 사람이다. '프랭클린 효과'는 그가 '자기를 싫어하는 의원의 마음을 돌려놓게 되었던' 일화에서 유래된 인간관계의 방법론이다. 용어의 유래는 다음과 같다. 프랭클린은 한 의원의 집에 귀한 책이 있다는 소문을 들었다. 곧 편지를 써 며칠만 책을 빌려 달라 부탁했고, 그는 흔쾌히 응했다. 프랭클린은 일주일 후에 감사의 편지와 함께 책을 돌려주었는데, 그때부터 예상치 못한 일이 일어났다. 그 의원이 프랭클린에게 먼저 말을 걸어오는가 하면 매사에 호의를 보인 것이다. 그 이후로 둘은 절친한 사이가 되었고, 의원이 세상을 떠날 때까지 우정은 계속되었다. 프랭클린은 이 일화를 자서전에 남겼는데, "당신이 도와준 사람보다, 당신을 도와준 사람이 더 당신에게 친절을 베푼다"라는 격언이 진리였음을 확인했다고 소회를 밝히기도 했다. 이 일화가 보여 주듯, 적절한 부탁은 오히려 관계를 열어 주는 계기가 되기도 한다. 물론 그렇게 친밀하지 않은 선배에게 무언가를 해 달라고 하는 게 쉬운 일은 아니다. 어느 정도 준비가 필요하다. 먼저 선배의 요즘 근황 그리고 심리 상태는 어떤지, 특히 나를 어떻게 보고 있는지를 파악해야 한다. 이를 심리학에선 '마음 읽기' 능력이라고 한다. 대인 관계를 위한 필요조건이다. 그다음 적절한 타이밍을 찾아야 한다.

다시 '점'의 시작으로 돌아가 보자. 내가 H에게 그때 '술 사 달라'는 말을 하지 않았다고 해 보자. 실제로 나 자신에게 그렇게 묻고 답해 본 적도 있다. '조금 더 친해지고 나서 시도했다면?' 가지 않은 미래라 답은 알 수 없다. 너무 많은 것들이 가정으로만 남는다. 그러나 오래되고 분명한 명언이 있다. "아무것도 하지 않으면 아무 일도 일어나지 않는다."

🚶 한번 해 보기

전설적인 카피라이터 오길비David Ogilvy의 시작도 '한번 하기'였다. 1930년대 초, 오길비는 옥스퍼드대학을 중퇴한 뒤 다양한 직업을 전전했다. 그중 하나가 영국의 고급 오븐 브랜드 'AGA 쿠커'의 방문 판매원이었다. AGA 오븐은 당시로선 고급 제품이었고, 비쌌기 때문에 판매가 쉽지 않았다. 특히 일반적인 가전제품과 달리 기능이 복잡하고, 설명이 필요한 제품이었다. 오길

나는 고작 한번 해봤을 뿐이다

비는 직접 소비자들을 만나며 판매 활동을 하던 중, 판매원들 사이에서 판매 편차가 매우 심하다는 사실을 알게 되었다. 이때 그는 중요한 사실을 깨달았다. '왜 어떤 판매원은 잘 팔고, 어떤 판매원은 전혀 팔지 못할까?' 그 차이는 설명 방식에 있을 거로 생각했다. 그래서 오길비는 자신이 현장에서 활용하던 화법과 설득 전략, 고객의 반응, 자주 묻는 말들을 정리하기 시작했다. 이 모든 것을 모아 '오븐 세일즈 팸플릿'을 만들었다. 이 가이드북은 금세 소문이 났고, 이 작은 시도는 결국 오길비가 런던의 광고 대행사에 이직하는 결정적인 계기가 되었다. 오길비는 이곳에서 자신이 광고인 자질이 있다는 것을 깨닫게 된다.

작은 실천은 우연과 만나 큰 기회를 만든다. '운이 좋았다'는 사람들의 이면에는 작은 시도가 있었다. 한 번 보낸 이메일, 한 번의 지원, 한 번의 질문이 인생을 바꿨다고 말하는 사람들이 있다. 행운은 도전한 자의 편이다. '한번 해 보기'는 그 행운을 맞이할 준비다.

비슷한 '한번 하기'의 힘은 전혀 다른 시대와 분야에서도 반복된다. 세계적으로 가장 권위 있는 상 중 하나인 '퓰리처상' 역시 한 사람의 우연한 '한번 하기'에서 시작되었다. 헝가리에서 태어난 조지프 퓰리처는 17살이라는 어린 나이에 미국으로 건너가야 했다. 부유한 가정에서 태어나 좋은 교육을 받았지만, 아버지의 파산으로 인해 그의 인생은 크게 바뀌었다. 미국에 도착한 풀리처는 생계를 위해 닥치는 대로 일을 했고, 예상치 못하게 사기를 당하는 쓰라린 경험도 했다. 그 억울함을 참지 못한 풀리처는 자신의 경험을 글로 써서 신문사에 투고했다. 단지 자신의 억울함을 알리고 싶었던 '한번 하기'였지만, 이 우연한 시도가 그의 인생을 완전히 바꿔 놓았다. 그의 글솜씨에 감탄한 신문사는 그를 기자로 채용했고, 아무것도 가진 것 없던 가난한 이민자는 그렇게 언론인의 길을 걷게 되었다. 풀리처는 거기서 멈추지 않았다. 기자로서의 경험을 쌓은 후, 그는 정치에도 도전했고 결국 신문사를 직접 인수하는 기업가로 성장했다. 그가 신문업계에 가져온 혁신은 당시로서는 혁명적이었다. 딱딱하고 재미없던 정보 위주의 신문에 흥미로운 기사와 만화, 삽화를 도입했다. 이런 시도들은 당시 사람들에게 신선한 충격이었고, 신문 산업의 새로운 표준이 되었다. 그의 삶을 돌이켜 보면, 한 번의 용기 있는 시도가 어떻게 점과 점을 연결하며 거대한 변화를 만들어 내는지 확인할 수 있다. 억울한 경험을 글로 옮기는 '한번 하기'가 없었다면, 세계 최고의 언론상인 풀리처상은 존재하지 않았을 것이다.

대개의 성공은, 알고 보면 '대수롭지 않은 일'에서 출발하는 경우가 많다. 물론 겉에서 보면 말이 안 되는 소리로 들릴 때도 많다. 성공과의 인과관계가 너무 멀기 때문이다. 이것은 지나고 나서 당사자만이 해석할 수 있는 아주 작은 '점'이다. 그 값어치는 외부인의 평가를 훌쩍 뛰어넘는다. '그 일'이 없었다면 훗날 존재할 수 없었던 일들 역시 무수히 많다는 것을 본인은 알 수 있다. 사소한 시작이 중요한 이유는 작은 피드백을 쉽게 얻을 수 있기 때문이다. 그 과정에서 미묘한 감정의 변화가 시작되고, 점차 위대한 변화를 몰고 온다. 이것이 바로 작은 성공 경험의 힘이다.

👤 '해냈다'는 경험이 가져다주는 것들

무언가를 스스로 '해낸' 기억은 오래간다. 특히 처음으로 해낸 것, 크게 해낸 것은 평생을 가도 잊히지 않는다. 이 '맛'은 세상 어느 음식보다 달콤하다.

이것을 아브라함 매슬로Abraham Maslow는 욕구 5단계설로 설명했다. 이론은 인간의 욕구가 계층적으로 구성되어 있다는 것으로 1단계는 생리적 욕구, 2단계는 안전 욕구, 3단계는 소속과 애정 욕구, 4단계는 인정 욕구, 5단계는 자아실현 욕구로 구성된다. 조금 더 풀어 보면 인간은 생리적 욕구와 안전 욕구(최저생계비 같은 생존 문제)를 해결하면 심리적 욕구를 추구하려고 한다. 사랑받고 싶고(애정 욕구), 인정받고 싶고(인정 욕구), 원하는 것을 해내고 싶어 하는 마음(자아실현 욕구)이 그것이다.

에드워드 데시 Edward Deci 는 매슬로의 이론을 동기 動機 에 접목해 1969년 그 유명한 '자기결정이론'을 탄생시킨다. '자기가 결정한 것'이 어떤 동기보다 더 큰 힘을 발휘한다는 것이 골자다. 이 이론의 세 가지 키워드는 자율성, 유능성, 관계성이다. 자율성과 유능성을 묶어 우리말로 풀면 '내가 해냈다', 즉 성공 경험이다. 이는 자존감의 핵심 키워드이기도 하다. 동기를 끌어올리기 위해서는 '해냈다'는 경험을 해 보는 것이 중요하다. 그러기 위해서는 성공 확률이 높은 만만한 것을 잡아 '한번 하는 것'이 도움이 된다. 작은 것이라도 실천해서 '해내면' 그 맛을 잊지 못해 더 큰 걸 시도하려고 하기 때문이다. 그러면 동기부여는 자동이다. 이는 '선 동기부여-후 실천'과 정반대 순서의 전략으로, 별것 아닌 것 같지만 효과는 강력하다. 또 부수적으로 수많은 우연과 행운을 발생시킨다.

구체적으로 어떤 일을 한번 하면 좋을까. 약간의 노력을 기울여서 '해낼 수' 있는 것이면 다 좋다. 만약 글을 잘 쓰고 싶다면 두 가지 측면에서 실행해 볼 수 있다. 먼저 작은 '습관' 들이기인

데, 한 줄 일기 쓰기(나는 아이가 태어난 해부터 초등학교 졸업할 때까지 한 줄 육아 일기를 썼다)나 좋아하는 글 필사하기(나는 책을 읽으면 최소한 한 줄 이상은 필사한다)를 추천한다. 기록은 영원히 남는다. 시간이 지날수록 축적의 힘을 느낀다. 눈에 보이기 때문이다. 두 번째는 내가 H 선배에게 밥 사 달라고 부탁한 것과 같은, 사람을 대상으로 한 '행동'이다. 약간의 성실함 혹은 용기가 필요하다. 예를 들어, 글을 잘 쓰고 싶다면 좋아하는 작가를 만나는 것이다. 만나기 위한 '한번 하기' 전략을 짜야 한다. 전화할 것인가? 메일을 보낼 것인가? 북 토크에 참석할 것인가? 소셜 네트워크 서비스(SNS)를 통해 친구 신청을 할 것인가? 사람에 따라 난이도는 다르다. 다양하게 시도하다 보면 방법은 찾게 된다. 이렇게 만나게 되면 다른 '점'으로 '연결'될 가능성이 커진다. 성공 경험과 더불어 욕망도 커지는 효과가 있다. 만난 작가의 조언도 더 깊숙이 들어온다. 만남 역시 최소한의 노력에서 비롯된 결과이기 때문이다.

나는 대학생들을 만나면 "현업인을 만나라!"라는 조언을 많이 한다. 한 번이라도 직접 연락해서 만나 보면 더 좋다. 내가 대학생이었을 때 가장 후회하는 일이기도 하다. '직업'을 찾는 과정은 '연인'을 찾는 과정만큼이나 중요하다. 책이나 유튜브에서 슬쩍 보고 느낌으로 결정할 일이 아닌데, 오만의 함정에 빠지는 경우가 많다. 알 것 같은 것과 아는 것은 하늘과 땅 차이다. 나는 대학 시절부터 졸업한 이후에도 무려 8년 동안 기자가 되기위해 준비했다. 마침내 한 신문사에 입사했지만 두 달 만에 나왔다. 이유는 단순했다. 어처구니없게도 기자가 그렇게 힘든 직업인 줄 몰랐다. 기자가 무슨 일을 하는지도 모르면서 그 긴 시간동안 기자 준비를 했다. 그래서 나는 종종 호소한다. 현업인을만나 보지도 않고 직업을 정한다는 것은 미친 짓이다!

이렇게 얘기하면 대개는 난감하다는 반응을 보인다. '과연 상대가 만나 줄까?', '불쾌해하지는 않을까?', '어떻게 연락해야하지?', '중간에 소개해 줄 사람 없을까?' 불안한 상상이 꼬리에 꼬리를 문다. 처음부터 너무 잘하겠다는 욕심만 버리면 일은쉬워진다. 가령 과제가 어려우면 과제의 수준을 '해낼 수' 있는정도로 끌어내리면 된다. 그래도 안 되면? 아예 다른 방법으로해 보는 거다! 내가 졸업한 고등학교는 매년 진로 지도의 날을지정해서 현업인들과의 만남을 주선한다. 나는 후배들에게 강의 말미에 언제나 하는 말을 했다. "방송 피디가 되고 싶으면 피디를 만나라." 30명이 내 명함을 받아서 갔고, 한 명으로부터 메일이 왔다. "예능 PD 좀 소개해 주실 수 있나요?"

이 경우처럼 이미 알고 있는 지인을 활용하는 것도 전략이다.

나에게 부탁하는 것도 나름 용기가 필요했을 터. 내가 아는 가장 유명한 예능 PD 세 명의 이메일 주소를 알려 주었다. 그리고 결과를 꼭 공유해 달라고 했다. 한 달 후 답장이 왔다. 그중 한 명의 PD한테 이메일을 보냈는데, 답이 없다는 것이다. 마치 괜히 했다는 듯이 시큰둥한 뉘앙스였다.(이런 반응이 나오면 나도 괜히 했나 싶기도 하다.)

이번에는 내가 질문을 해 본다. 세 명의 피디한테 연락을 했으면 어땠을까?(고작 이메일인데 열 명 중 한 명에게 답장이 오면 나는 성공이라고 본다.) 진심을 담아 메일을 썼던 걸까? 메일과 문자를 같이 보냈다면 어땠을까? 그리고 마지막 질문, 정말로 실패한 걸까? 난 그렇게 생각하지 않는다. 그 학생은 서른 명 중에 유일하게 나에게 연락했다. 그 자체가 해낸 것이다. 또한 고등학생이 생면부지의 PD에게 메일을 보내는 일은 결코 쉽진 않다. 더구나 그 PD들은 이름만 대도 알 만한 사람들이다.

한번은 어떤 중학생을 만났다. 1학년인 그 아이는 우리 방송국 사장의 SNS를 타고 자신의 소망을 몇 줄 적었다. "전 다큐멘터리 피디가 되고 싶어요!" 사장은 다큐멘터리 책임자에게 이어 주었고, 그는 다시 나를 연결해 주었다. 그 학생은 대화를 녹화하겠다며 캠코더를 들고 아버지와 함께 회사로 찾아왔다. 이야기를 나누다가 그 아이에게 한 가지 조언을 했다. "피디가 되려면 생각보다 책을 많이 읽어야 한다." 아버지가 상당히 뿌듯해하는 눈치였다. 그 아이는 그날 '무슨' 일을 했을까. 지금쯤 '어떤' 모습으로 살고 있을까? 전혀 아는 바 없다. 하지만 즐거운 상상을 해 본다. 마치 내가 그랬던 것처럼!

현재의 순간들은
반드시 미래와 연결된다

"방송 프로그램 제작은 안 하시나요?" 나를 처음 만난 사람들은 종종 이렇게 묻는다. 명함에는 피디라고 적혀 있는데, 소속이 제작 부서가 아닌 사업 부서다 보니 궁금한 것이다. "네, 안 합니다" 하고 대답하면 바로 "왜요?"라고 묻는다. 이해가 잘 안 된다는 듯, 목소리 톤도 높아진다. "지금 하는 일이 좀 더 재미있어서요"라고 말하면 "아…" 하는 짧은 감탄사와 함께 대기 중이었을 법한 질문은 슬그머니 종적을 감춘다. 가끔은 실망의 눈빛마저 새어 나온다. 아직도 많은 사람에게 '피디는 곧 연출자'라는 이미지가 각인되어 있다. 그래서 내 경험으로 볼 때 피디는 프로그램을 하고 있을 때 주변 사람들의 반응이 가장 좋다.

"프로그램보다 사업이 적성에 맞는 거 아니야?" 친한 친구가 묻는다. "그럴지도…(더는 할 말이 없다)." 이건 진심이다. 미래는 어차피 가능성으로 점철되어 있으니까.

피디로 입사하고 5년은 연출에 경도되었던 시기였다. 촬영은 예술이요, 편집은 마술이었다. 노동 강도가 센 만큼 성취감도 제법 있었다. 그 이후는 기획의 힘을 알아 가던 시기다. 역할 모델로 삼던 몇몇 선배의 영향이 크다. 가용할 수 있는 시간의 상당 부분을 한 장짜리 기획안 만들기와 원고 작업으로 이동시켰다. 대학 시절 소설이나 영화 같은 스토리를 많이 접했어야 했다고 땅을 치며 후회하던 때이기도 하다.

10년 차 즈음, 체력이 급격히 고갈되면서 잠시 제작 부서를 떠나기로 마음먹었다. 그때 우연히 방송계 너머의 풍경을 마주했다. 모바일 서비스가 급속하게 퍼져 나갈 무렵이었다. 시간과 여유가 만들어 준 혜택은 적지 않았다. 처음에는 공부를 좀 해 보겠다고 이런저런 애플리케이션을 스마트폰에 깔았는데, 생각보다 재미있었다. 처음에 모바일 리더들의 책을 읽다가 차츰 더 깊이 있는 IT 서적들을 뒤적거리기 시작했고, 그러면서 프로그램을 제작할 때와는 사뭇 다른 단어들이 머릿속에 맴돌았다. 필요needs와 욕구wants. 모바일의 핵심은 '기술이 아닌 사람의 마음'

나는 고작 한번 해봤을 뿐이다

이라는 것. 성공한 IT 서비스에 인문학적 요소가 강한 이유를 알게 되었다. 그러다 급기야 사내 모바일 프로젝트에 착수했고 마침내 육아 정보 애플리케이션을 만들었다. 연출에 경도되던 시절에는 상상도 못 하던 일이다. 어쩌다 기웃거리면서 전혀 다른 길로 들어섰고 또 많은 것을 발견했다.

수많은 서비스 간의 강점과 약점, 성공 요소, 그리고 내 안의 다양한 적성까지 확인한 건 적지 않은 소득이다. '기획이 전부'라고 믿었던 내가 영업의 중요성을 깨닫고 급기야 재미를 느끼게 됐다. 지금 나는 직함으로서 피디를 유지하고 있으나 전통적인 의미의 방송 피디는 아니다. 언젠가 또 누가 물어볼 것이다. 피디는 무슨 일을 하나요? 피디에게는 어떤 핵심 역량이 중요한가요? 지금 분명히 말할 수 있는 건 시간이 흐를수록 한 가지로 잘라 말하기가 더욱 힘들어질 것이란 사실이다.

🚶 미래는 예측할 수 없다

크리스티안센Ole Kirk Christiansen은 덴마크의 작은 마을에서 목수로 일하고 있었다. 그는 일찍 아내를 잃고 네 아이를 홀로 키워야 했다. 경제적으로 매우 어려운 시기였기에, 자녀들에게 장난감을 사 줄 여유조차 없었다. 하루는 작업장에 남은 자투리 목재를 보며 생각했다. '이걸로 아이들에게 무언가 만들어 줄 수 있지 않을까?' 하고, 자신의 손으로 장난감을 만들어 보기로 했다. 그는 버려진 나무를 깎아 아이들을 위한 나무 인형과 자동차, 동물 모양의 장난감을 만들었다. 그저 자식들에게 미안한 마음을 달래기 위한 소박한 선물이었다. 크리스티안센이 만든 목각 장난감은 아이들에게 큰 인기를 끌었다. 이웃 아이들도 그의 장난감을 찾자, 그는 점점 더 많은 장난감을 만들기 시작했다. 그는 이왕 만드는 김에 조금 더 잘 만들어 보자는 생각으로 장난감 제작에 본격적으로 나섰다. 그렇게 해서 자신이 만든 작은 작업장을 장난감 공장으로 전환했다. 그런데 어느 날, 화재가 발생해 공장이 몽땅 불타버리고 말았다. 인생을 다시 시작해야 하는 순간이었다. 그때 그는 전혀 새로운 재료에 주목하게 된다. 바로 플라스틱이었다. 당시까지만 해도 플라스틱은 장난감에 쓰기에는 생소한 재료였지만, 그는 가볍고 안전하며 자유롭게 형태를 바꿀 수 있다는 점에 착안해 블록 형태의 장난감을 고안해 냈다. 그것이 우리가 아는 레고LEGO의 시작이다. 레고는 덴마크어 'leg godt'에서 유래했으며, '잘 논다' 또는 '재미있게 놀다'라는 의미다.

돌이켜 보면, 시작은 그저 아이들에게 줄 장난감 하나를 직접 만들어 보자는 마음이었다. 큰 포부도, 시장조사도 없었다. 하지만 그 한 번의 따뜻한 시도가 세계에서 가장 영향력 있는 장난감

브랜드를 탄생시킨 계기가 되었다.

인생이란 그렇게 예상할 수 없다. 누군가에게는 가난과 불행의 연속일 수 있었던 이야기가, 누군가에게는 세계적인 브랜드 탄생의 기원이 되었다. 무엇보다 이 모든 것은 한 번의 시도에서 시작됐다. 스티브 잡스는 "지금 하는 일이 훗날 어떤 의미였는지 나중에야 알게 된다"라고 말했다. 어떤 시도는 당장은 쓸모없어 보인다. 어떤 시도는 내가 했는지조차 인지하지 못한 채 지나간다. 하지만 '한번 해 본 일'은 기억의 한 귀퉁이에 남았다가 새로운 기회와 연결된다. 그 점들이 연결될 때, 나만의 독특한 궤적이 만들어진다.

이러한 흐름은 다른 인물의 삶에서도 확인된다. 에티오피아에서 태어난 아베베Bikila Abebe는 아버지와 함께 소를 키우면서 어린 시절을 보냈다. 스무 살에는 군인이 되어 한국전쟁에 참전하기도 했다. 스물여덟 살에는 우연히 로마 올림픽에 출전하게 되는데, 마라톤에 출전하기로 되어 있던 선수가 축구 경기에서 무릎을 다치면서 대체 선수로 지명된 것이었다. 무명의 아프리카 선수를 주목하는 관중은 없었다. 하지만 놀랍게도 그는 2시간 15분 16초라는 세계 신기록을 세우며 결승점을 통과했다. 4년 뒤인 1964년 도쿄 올림픽에서도 또다시 세계 신기록을 달성하며 올림픽 사상 최초로 2연패를 달성한다.

평범한 부사관에서 세계 최고의 마라토너로, 기적 같은 변신의 비밀은 무엇이었을까? 그는 군인이 되기 전까지 달리기에 별다른 관심을 보이지 않았다. 아베베가 자신의 재능을 발견한 것은 '재미 삼아' 출전한 군인 마라톤 대회에서 우승하면서부터다. 여기에 우연한 기회가 더해져 마침내 재능을 꽃피운 것이다. 드라마틱하지 않은가. 성공과 실패를 떠나 우리의 인생은 한 편의 드라마다. 미국의 국민 MC 코난 오브라이언Conan O'Brien은 "자신이 예상했던 삶을 정확히 그대로 살 수 있는 사람은 아무도 없다. 하지만 열심히 노력하고 사람들에게 친절하게 대한다면 놀라운 일들이 일어날 것이다"라고 말했다.

그런데 왜 나는 열심히 노력하는데도 그런 기회가 오지 않고, 심지어 보이지도 않는 걸까. '없는 것인가 못 본 것인가.' 적어도 없다고는 단정할 수 없을 것이다. 대단한 성공까지는 아니어도 우리 주위에도 인생이 쉽게 풀리는 사람들이 있다. 크게 노력하는 것 같지도 않은데 말이다. 운이 무척 좋은 사람들이다. 방송국의 예를 들어 보자. 기획안이 탁월한 것 같지도 않은데 좋은 작가, 좋은 카메라 감독을 만나 프로그램을 잘 만드는 피디가 있다. 지인의 뜻하지 않은 소개로 실적을 쑥쑥 올리는 마케터도 있다. 비밀은 바로 보이지 않는 곳에 숨어 있다. 없는 게 아니라 사람들이 못 본 것이다.

내가 방송국에서 다큐멘터리 피디를 하다가, 모바일 육아 정보 서비스를 '실제로' 하게 된 계기는 순전히 우연이었다. 전 직원을 대상으로 하는 열린 포럼에서 발표자로 참여하게 된 것이다. 사실 '육아'라는 카테고리는 당시 내가 소속된 부서의 업무 성격과는 전혀 관련이 없었다. 단지 누군가는 발표를 해야 했고, '회사의 미래'라는 공통분모로 다소 어색하지만 떠밀려 진행하게 된 것이다. 발표 준비를 하면서 '육아 정보를 집합하면 사람들에게 유용할 것'이라는 오래전 나의 아이디어가 이렇게 뜬금없는 상황에서 드러나게 되었다는 것이 우습게 느껴졌다. 하지만 한편으론, '언젠가 내가 이 일을 맡을지도 모른다'는 막연한 기대감도 들었다. 그리고 놀랍게도, 그 기대는 이듬해 현실이 되었다. 사람들 머릿속에 내가 발표한 것이 인식되다 보니 자연스럽게 기회가 주어진 것이다. 언젠가 이런 가정을 해 봤다. 그때 열린 포럼이 만들어지지 않았다면? 부서 업무와 무관하다고 발을 뺐다면? 지나고 보니 모든 가정(if)의 '점'은 결국 기회였다. 우연과 행동이 만나 사건을 만든 것이다.

🚶 '실패'라 부르던 점

4년간의 대학 생활에는 잊지 못할 순간들이 많은데, 신입생 수련회도 그중 하나다. 2박 3일 일정의 백미는 일명 '라이프 스토리' 시간이었다. 열댓 명이 둘러앉아 흰 도화지에 각자의 20년 인생을 그래프로 표현하고 친구들에게 설명하는 자리는, 서로를 잘 이해하고 빠르게 친해질 수 있도록 학생회 측이 마련한 이벤트였다. 친구들이 털어놓는 경험담에 나는 적잖은 충격을 받았다. '저렇게 큰일을 겪고도 밝은 표정을 유지할 수 있구나!', '인생의 굴곡이 없는 친구가 없구나!'라는 생각이 절로 들었다. 고생이라곤 전혀 안 했을 것 같은 친구들도 한두 가지의 아픔을 갖고 있었다. 내가 원하는 대학을 가지 못해 잠시 재수 생각을 했던 것은 고민 축에도 끼지 못할 정도였다. 그런 이들이 대학 입학이라는 성공 분모로 한자리에 모였으니, 짧은 시간에 급격히 가까워질 수 있었던 것이다.

인간은 누구나 스토리가 있다. 비록 큰 아픔을 겪지 않더라도 아이에서 어른으로 자라는 동안 성장통이 따른다. 성장 자체가 드라마다. 그런데 우리는 유독 명사들의 스토리에 꽂히고 그들의 이야기는 오래 기억된다. 좌절과 성공 사이의 진폭이 크기 때문이다. 즉 그들 역시 눈앞이 캄캄했을 때가 있었고, 당시 아무도 그들의 미래를 예측할 수 없었기 때문에 보는 이들의 감정의 기복도 덩달아 출렁거린다.

포르투갈에서 영어를 가르치던 그녀는 결혼 1년 만에 이혼했고, 생후 4개월 된 딸을 데리고 무일푼으로 고향인 영국으로 돌아왔다. 당시 그녀의 말에 따르면 "노숙자를 제외하곤 영국에서 가장 궁핍한 처지"였다. 생활고는 우울증을 낳았고 한때는 자살도 생각했었다. 《해리 포터》 시리즈의 어머니, 조앤 롤링Joan K. Rowling의 이야기다. 세계인이 사랑하는 《해리 포터》도 처음에는 어린이들이 읽기 어렵다는 이유로 열두 번이나 거절당했다. 책을 낸 건 열세 번째 출판사였다. 이 시리즈는 1997년 처음 출간되어, 10년 동안 7권으로 완간되기까지 역사상 가장 많이 팔린 베스트셀러로 기록됐다. 이 작품으로 롤링은 2004년 〈포브스〉 선정 10억 달러 부호 클럽에 들어갈 만큼 부자가 됐으며, 이후 하버드대학 명예 문학박사 학위를 받을 만큼 작품 면에서도 최고로 인정받았다. 조앤 롤링은 하버드대학 졸업 축사에서 이렇게 말했다. "제 인생의 원천이 되는 경험은 《해리 포터》를 쓰기 전에 있었습니다. 미혼모로, 찢어지게 가난하던 때, 먹고살기 위해 일했던 그때 말입니다." 그리고 실패의 힘은 삶의 군더더기를 걷어 내는 데 있다고 말한다. "실패로 인해 더는 허세를 부리지 않고 자신을 직시하게 되었으며, 만약 실패하지 않았다면 온 힘을 쏟으려는 생각조차 하지 않았을 것입니다."

FIFA 선정 "올해의 선수"를 세 차례나 수상한 살아 있는 축구의 전설 리오넬 메시Lionel Messi. 그는 16세의 나이에 이미 세계 최고의 명문 구단 바르셀로나 1군 무대에 데뷔하고, 동시에 '제2의 마라도나'라는 칭호를 물려받았을 만큼 일찌감치 축구 천재로 통했다. 사람들이 그에게 열광하는 이유는 단지 축구 실력 때문만은 아니다. 그에게도 타고난 아픔이 있는데, 열한 살에 의사로부터 '성장호르몬 결핍증'이라는 충격적인 진단을 받았던 것이다. 의사는 성인이 돼도 150센티미터를 넘기 힘들 것이니 운동을 그만두라고 조언했다. 가난했던 부모는 한 달에 거의 1,000달러가 드는 호르몬 치료비를 댈 수가 없었다. 축구를 포기해야 한다고 생각했을 때, 기적적으로 만난 팀이 스페인의 바르셀로나였다. 매일 밤 고통스러운 주사를 맞아야 했지만 꾸준한 치료로 키는 169센티미터까지 컸다. 축구 선수치고는 단신이지만 메시의 폭발적인 드리블 능력과 정확한 슈팅은 따라갈 선수가 없었다. 장애를 딛고 일어선 인내심에 멈추지 않는 연습이 더해진 결과다.

이 사례들은 실패를 극복한 명사들의 이야기이자, 한때 아무 꿈도 꿀 수 없었던 불우한 사람들의 이야기다. 그들이 성공의 스토리를 위해 일부러 험한 길을 걷거나, 역경을 받아들인 것은 아

나는 고작 한번 해봤을 뿐이다

닐 것이다. 그러나 시간이 증명하듯, 좌절과 실패 역시 엄연한 '점'이었다. 미래의 차이는 그 시기를 보내는 태도에 있다. 어려운 시기의 '그들'을 보았다면, 미래에 성공한 '그들'의 모습을 떠올릴 수 있었을까? 미래는 예측 불가능하고 가변적이다. 그들을 연결한 점들은 오랜 시간이 지나야 비로소 보인다. 미래를 바꾸기 위해서는 지금 작은 점들을 뿌려야 한다. 실패의 '점'도 꼭 필요하다.

지금 이 자리에서 시작하기

어느 날, SNS를 통해 교류하던 대학 동문들을 중심으로 번개 모임이 열렸다. 예닐곱 명이 모였고, 자리는 저녁 늦게까지 이어졌다. 할 얘기들이 다 떨어진 탓일까? 화제는 뜬금없이 선배 H의 딸 Y 이야기로 옮겨 갔다. 초등학생인 Y는 태어나자마자 척추에 생긴 소아암으로 수술과 항암 치료를 받았다. 치료 결과는 좋지 않아 지금은 하반신이 마비되어 휠체어를 타고 다닌다. 하지만 Y는 천성이 낙천적인 데다 제일 좋아하는 과목이 체육이라고 할 만큼 활동적이다. 그러나 Y가 움직일 수 있는 범위는 딱 거기까지다. 집과 학교의 울타리를 넘는 순간 무력해진다. 턱이 있는 가게, 승강기가 없는 건물은 아예 들어갈 수도 없다. 게다가 Y는 지하철 타는 걸 좋아하는데, 이 여정이 일반인의 생각보다 '훨씬' 더 힘들다. 같이 있던 사람들은 엄마인 H의 경험담에 점차 몰입해 갔다. "지하철역 환승 통로에서 휠체어 리프트가 고장 났다는 안내문을 봤는데, 그 안내문대로 갈아타면 40분이나 더 걸리더라고." 그 말을 듣는 순간, 우리는 모두 끓어오르는 분노를 주체할 수가 없었다. "이런 열악한 환경을 널리 알릴 방법이 없을까?" 여러 아이디어가 나왔다. 장애인을 위한 모바일 애플리케이션을 만들어 볼까? 방송사에 다큐멘터리 제안을 해 볼까? 제작 비용을 댈 수 있는 후원자를 찾을까? 아니면 먼저 국회의원을 만나 이슈화시켜 볼까? 결론은 안 났지만, 그날 자리는 그렇게 뜨거운 열정을 확인하고 끝났다.

그 이후, 나는 한동안 마음의 부채를 가지고 있었다. 그러나 가끔 떠오르던 고민은 현업을 핑계로 슬며시 묻혔다 나왔다 하기를 반복했다. 좋은 실행안이 떠오르지 않았다. 그러다 편집 회사를 차린 지 얼마 되지 않은 후배 N에게 이야기를 들려주고 부탁했다. "촬영은 스마트폰으로 하니까 문제없는데, 편집 비용이 문제야. 포털에서 하는 펀딩에 스토리를 올리고 제작비를 마련했으면 하는데, 첫 편만 도와줄 수 있겠니?" 난 실컷 너스레를 떨며 이런 말도 덧붙였다. "혹시 아니? 네가 이 프로젝트로 유명한 다큐멘터리 감독이 될지." 후배 N은 잠시 생각에 잠기더니 승낙했다. "한번 해 보죠." 그렇게 프로젝트는 시작됐다. 제목은 〈그곳에 쉽게 가고 싶다〉로 정했다. 첫 편은 스마트폰 2대를 가지고 서울 지하철 상일동역에서 합정역까지의 여정을 쫓아갔다. 장애인들의 이동권이 얼마나 열악한지는 담담하게 뒤를 밟는 것만으로도 충분했다. 한 달 후, 편집본이 나왔다. 영상은 기대 이상이었다. 그런데 문제는 후원자들에게 돌려줘야 할 보상이었다. 펀딩은 기부와 다른 개념이라 사례를 해야 한다. 그때 한 가지 아이디어가 떠올랐다. '우리 회사(EBS)에서 다시보기 이용권을 주면 되겠네!' 이때 처음으로 이 프로젝트가 내가 업무상 진행하고 있던 프로젝트와 연결될 수 있다는 걸 깨달았다. 난 당시 〈육아 학교〉라는 인터넷 방송과 애플리케이션이 결합한 육아 정보 서비스를 만들고 있었다. 뒤늦게 발견한 키워드는 '사회적 육아'였다. '그렇지, 아이는 부모만 키우는 게 아니라 사회가 같이 키워야지!' 그렇게 보상 문제가 해결됐고, 펀딩은 성공했다. 첫 영상을 게시한 후 불과 열흘 만에 목표 금액 5백만 원을 채웠다. 안정적인 제작 여건을 만든 것이다. 이 과정을 거치며 우연과 흥분으로 가득 찬 경이로운 경험을 하게 됐다. 당시 동문회 자리에 있던 선후배들의 후일담도 들어 보면 비슷하다. "아, 우리의 수다가 정말 이야기가 되는구나." 프로젝트의 주인공인 H에게도 역시 놀라운 일들이 연달아 일어났다. H와 그녀의 딸 Y의 이야기가 인터넷 매체에 소개되면서 지상파 라디오에서 출연 섭외를 받고, 일간지 1면 머리기사에 오르기까지

했다. 종합지에서 정치, 경제 혹은 사회적으로 큰 이슈가 아니면서 1면에 소개되는 것은 매우 이례적인 일이다. 나의 일은 여기까지였지만, H의 '점의 연결'은 아직도 진행 중이다. 첫 펀딩에 성공한 후 H는 프로젝트를 어디로 연결해야 할지 막막하다고 했다.

몇 달 후 모임에서 한 예술대 교수를 만나 '교통약자 환승 지도' 제작에 본격적으로 나설 수 있게 됐다. 교수가 학생들에게 졸업 작품으로 프로젝트를 제안했는데, 학생들도 흔쾌히 동의한 것이다. 그렇게 여러 봉사자가 노력한 결과 환승 경로가 분석된 수도권 지하철 지도가 30여 개까지 늘었다. 이후 H는 사회적 기업을 만들어 왕성하게 활동 중이다. 그의 문제의식은 장애인을 위한 경사로 설치 운동으로 확대되었고 관련 시행령이 헌법에 어긋나 무효라는 판결까지 끌어냈다. 〈그곳에 쉽게 가고 싶다〉라는 캠페인성 다큐멘터리를 만들면서 H와 그녀의 딸 Y, 제작의 중심에 있던 N, 그리고 프로듀싱한 나까지 모두 무언의 경험을 공유했다. 세상에는 하고자 한다면 도움을 주려는 사람들이 분명히 '있다'는 깨달음과 마침내 '우리가 해냈다'는 성공 경험이다. 매 단계에서 자존감이 높아진 것은 굳이 설명할 필요도 없다. 이 모든 것이 '한번 하기'가 만들어 낸 '점의 연결'이다.

♟ '점'은 이미 눈앞에 있다

 기회의 '점'도 마찬가지다. 단지 잘 보이지 않을 뿐, 바로 지금 내가 하는 일, 하고 싶은 일에 숨어 있을 수 있다. 따라서 필요한 액션 플랜은 무언가 새로운 것을 발견하기 위해 눈을 크게 뜨는 것이 아니라, 이미 있는 것이 '발견되도록' 마음이 가는 곳에서 작은 행동을 하는 것이다.

 21세기 IT의 역사를 새로 쓴 구글Google은 어떻게 시작되었는지 창업자 래리 페이지Larry Page와 세르게이 브린Sergey Brin의 이야기를 들어보자. 이들이 처음부터 독자적인 검색 알고리즘을 생각했던 것은 아니다. 더군다나 인터넷 회사를 세우겠다는 꿈도 없었다. 그런데 어떻게 세계적인 서비스를 만들어 냈을까? 이 두 사람이 만들어 낸 '점의 연결'을 따라가 보면, 발단은 대학원 학기 말에 내야 하는 래리 페이지의 논문 과제에 있었다. 페이지는 온라인 도서관의 검색 결과에 우선순위를 부여하려 했고, 그러기 위해서는 검색엔진에 의존할 수밖에 없었다. 당시는 검색 사이트가 급증하던 때로 30개가 넘는 검색엔진이 있었고, 야후Yahoo와 알타비스타AltaVista가 세계 최고의 자리를 놓고 다투던 시대였다. 엔진의 종류는 달랐지만, 대개의 알고리즘은 특정 키워드가 웹페이지 내에 얼마나 많이 출현하느냐에 따라 순위를 결정했다. 하지만 페이지는 무질서하게 나오는 정보들 때문에 시간이 너무 오래 걸린다고 투덜댔다. 그때마다 수학을 잘했던 브린이 도움을 주었다. 그러면서 자연스레 프로젝트에 깊숙이 관여하게 된다. 그러다 페이지는 "차라리 우리가 새로운 검색엔진을 만들어 보면 어떨까?" 하고 제안했고 브린이 이를 받아들였다. 지인들은 검색엔진이 이미 포화 상태인데 얼마나 새로운 걸 만들겠다는 것이냐, 자금은 어떻게 마련할 것이냐 등 '정신 나간 짓'이라며 말렸다. 그럼에도 불구하고 두 청년은 그냥 해 보기로 했다. 페이지는 키워드 양을 기준으로 한 기존 검색엔진의 방식보다 웹사이트 간의 관계를 분석하는 방법이 더 좋은 검색 결과를 도출할 것이라는 가설을 세웠다. 그리고 백럽BackRub이라는 로봇 프로그램을 개발했다. 이것이 바로 구글의 전신이다. 새 검색 이론을 증명하기 위해서는 상당한 양의 컴퓨터가 필요했지만, 페이지와 브린에게는 돈이 없었다. 이들은 학교 실험실에 방치돼 있던 PC 부품을 구걸하다시피 얻어 와 기숙사 방 안에서 하나씩 조립했다. 페이지의 방은 늘어난 컴퓨터와 각종 장비로 꽉 차 누울 공간조차 없었다. 그러면서 브린의 기숙사 방이 사무실 겸 개발실로 쓰였다.

운 좋게도 이들의 가능성을 알아본 교수의 지원으로 프로젝트는 한 발씩 나갈 수 있었고, 마침내 1996년에는 대학 네트워크를 통해 서비스를 제공할 수 있게 됐다. 학생들의 반응은 폭발적이었다. 그렇다고 회사를 차릴 생각은 없었다. 그러나 구글의 하루 접속 횟수가 1만 건이 넘어가자 학내 인터넷망이 마비될 정도로 손해를 끼치게 됐다. 개발로 해결할 수 없는 문제였다. 브린과 페이지는 검색 서비스를 다른 회사에 팔기로 한다. 그들이 생각한 액수는 100만 달러. 알타비스타, 야후 그 밖의 많은 인터넷 기업들을 접촉했지만, 번번이 쓴맛을 봤다. 그러나 지나고 보니 행운이었다. 현재 구글의 시가 총액은 당시의 상상력이 따라가지 못할 수준이다. 결국 이들은 10만 달러의 투자금을 받아 1998년 9월 구글을 창업했고, 불과 2년 만에 세계 최고의 검색 사이트에 등극했다. 2006년에는 사용자가 더 늘어나면서, 회사명 '구글google'이 옥스퍼드 영어 사전에 등재되어, '구글을 이용하여 인터넷의 정보를 검색하다'라는 뜻으로 쓰이고 있다. 브린과 페이지는 숙제를 잘해 보겠다는 작은 목표로 출발해, 작은 점들을 하나씩 찍어 나갔다. 그 점들이 나중에 어떻게 이어질지는 당시에 예측할 수 없었으나 마침내 지구촌마저 연결했다. 오히려 미래에 대한 기대가 컸다면 그처럼 큰 프로젝트를 밀고 나가지 못했을 것이다. 그들은 단지 눈앞의 '점 하나'에 집중했을 뿐이다.

🚶 현재의 '점'이 연결되어 '길'이 된다

모든 경험은 그 자체로 '점'이다. 그러나 스티브 잡스의 말대로 미래를 내다보면서 점을 연결할 수는 없다. 그렇지만 뒤돌아보면 분명히 보인다. 작은 점들이 서로 연결되면서 '길'을 만들었기 때문이다. 먼 나라의 먼 사람들 얘기 같지만 평범한 우리에게도 본질적으로 비슷한 경험이 있다. '그때 그걸 해야 했는데' 이런 후회들, '그 친구는 참 운이 좋아' 이런 부러움 속에 있는 것이 바로 '점'이다. 이런 과거들이 유독 기억에 남는 건, 이후 어떤 사건에 큰 영향을 미쳤기 때문이다. 물론 이것 역시 지나야 보인다. 우리는 살면서 종종 세상을 바꾼 사람들의 이야기를 접한다. 혁신적인 사람들로 인해 그 혜택을 전 인류가 누릴 정도니, 사람들은 그들을 기꺼이 '위인'이라고 부른다. 하지만 중요한 것은 그들 역시 처음부터 탁월한 계획을 가지고 일을 벌인 것은 아니라는 사실이다. 시작은 미비했고, 무수히 많은 작은 도전 중에 어쩌다 작은 성공이 걸려든 것이다.

'어쩌다'가 그들을 폄하하는 말이 아닌 이유는 '무수히 많은' 도전이 그 가치를 뒷받침해 주기 때문이다. 따라서 어쨌든 일단 '성공해 보기'는 굉장히 중요하다. 그 성공이 다시 더 큰 도전을 이끈다는 것은 의심의 여지가 없다.

'어쩌다 보니' 성공해 버렸다

인생은 때때로, 우연을 가장한 필연으로 흘러간다. 처음에는 별 뜻 없이 시작한 일이 나중에 인생의 갈림길이 되어 있음을 깨닫는 순간이 있다. 인류 문명의 발전을 과학적으로 탐구한 명저 《총 균 쇠》역시 '어쩌다 보니'의 산물이다. 《총 균 쇠》의 부제는 '무기, 병원균, 금속은 인류의 운명을 어떻게 바꿨는가'로, 인류가 어떻게 서로 다른 문명 발전의 길을 걷게 되었는지에 대한 근본적인 질문을 던진다. 재러드 다이아몬드Jared Mason Diamond의 전공은 생리학이다. 박사 학위를 받고 생리학 교수가 됐다. 인류 문명에 대한 깊은 통찰을 담은 책을 낸 사람이라고 하기에는 다소 의외의 이력이다.

다이아몬드가 뉴기니에 처음 간 것은 새를 연구하기 위해서였다. 새를 관찰하는 과정에서 자연스럽게 뉴기니 원주민들과 교류하게 됐다. 당시 뉴기니는 현대 문명과 거리가 멀었던 때였다. 어느 날 원주민 친구 얄리가 다이아몬드에게 뜻밖의 질문을 던졌다. "왜 당신들 백인들은 이렇게 거대한 배를 만들고 많은 물건을 가지고 있는데, 우리는 그것을 만들지 못하고 이제야 와서 보고 있는 걸까요?" 다이아몬드는 이 질문에 쉽게 답할 수 없었다. '과연 학문으로 풀 수 있는 질문인가?' 그는 고민했다. 생리학자였던 그가 인류학, 역사학, 지리학, 식물학 등 여러 분야를 넘나드는 연구를 시작한 계기였다.

그날 이후, 그는 이 질문을 따라가기 시작했다. 분야를 바꿔 역사학, 지리학, 생태학, 인류학을 넘나들며 자료를 모으고, 사고를 정리하고, 이론을 세웠다. 그렇게 25년에 걸친 탐구 끝에 한 권의 책이 세상에 나왔다. 제목은 《총 균 쇠》. 인류 문명의 불균형이 시작된 배경을 '지리적 조건'이라는 관점에서 풀어낸 이 책은 학계와 대중 모두에게 큰 반향을 일으켰고, 1998년 퓰리처상을 받았다. 놀라운 건, 그 거대한 작업의 출발점은 '새를 관찰하러 떠난 여행'이었고, 결정적 계기는 '현장에서 들은 단 한 문장짜리 질문'이었다는 사실이다. 성공한 사람들의 인터뷰에는 종종 '처음에는 별뜻 없었다'는 말이 등장한다. 생각 없이 살았다는 이야기가 아니다. 다만 지나고 나서야 그 일이 얼마나 결정적인 사건이었는지 알게 된다는 뜻이다. '점의 연결'은 언제나 나중에야 보이는 법이다.

🚶 "일단 써야 합니다"

창의성은 기존과 다른 연결을 만드는 능력이다. '한번 하기'를 통해 새로운 경험을 할 때마다 우리 뇌는 새로운 연결 고리를 만든다. 평소 하지 않던 일을 해 보고, 가 보지 않던 곳에 가 보고, 만나지 않던 사람을 만나는 것, 이 모든 작은 경험들이 창의성의 원료가 된다. 스티브 잡스가 말한 'connecting the dots'는 바로 이런 다양한 경험들이 있어야 가능하다. '한번 하기'는 이런 '점'들을 만드는 과정이다.

앤디 위어Andy Weir는 세계적으로 엄청난 마니아층을 가지고 있는 게임 '워크래프트 2Warcraft II'에 참여한, 소위 알아주는 프로그래머였다. 물리학자인 아버지와 전기 기술자였던 어머니 밑에서 성장해, 열다섯 살에 이미 산디아 국립 연구소에서 프로그래머로 일할 만큼 진로는 예고된 것이나 마찬가지였다. 과학을 사랑했던 소년은 여덟 살 때부터 과학소설을 탐독할 만큼 책도 좋아했다. 그러면서 마음 한편에는 '작가가 되고 싶다'는 욕망도

나는 고작 한번 해봤을 뿐이다

자라나고 있었다. 하지만 컴퓨터 공학을 전공하고 IT에 발을 담그면서 작가의 꿈은 현실적으로 멀어져 갔다.

대신 직장 생활을 하며 못 이룬 꿈을 블로그에 담기로 마음먹었다. 그는 퇴근 후 항상 과학에 대한 글을 썼다. 구글과 위키피디아를 뒤지며 자료 조사도 병행했다. 그런 노력 덕에 그의 글은 인터넷에서 점차 반응을 얻어 나갔다. 글을 쓴 지 10년이 지나, '화성에 고립되어 고군분투하는 과학자 이야기'인 《마션》The Martian을 블로그에 연재했다. 그전의 글보다 반응이 좋았다. 해가 넘어가자 정기 독자들이 생겼고, 앤디 위어는 블로그 독자를 위해 메일링 리스트를 관리하며 새 연재물이 올라갈 때마다 독자들에게 소식을 알렸다. 그렇게 3천 명의 고정 팬이 생겼다.

그러던 중 한 독자가 e-리더 버전으로 만들어 주면 달라고 요청했다. 위어는 파일을 웹사이트에 올렸다. 그러자 또 어떤 독자는 이 방식이 불편하다며 아예 전자책으로 출간해 달라고 부탁했고, 위어는 기꺼이 수락했다. 자신의 팬이니까 기쁜 마음으로 했다. 아마존의 플랫폼을 보니 누구나 전자책을 쉽게 출간할 수 있게 되어 있었다. 소액이지만 자비를 들여 전자책을 만들었다. 이제 팬들을 가로막던 장애물은 모두 제거되었다. 그렇게 연결된 '점'은 마침내 결실을 보았다. 온라인 서점 아마존의 힘은 상상을 뛰어넘었다. 팬이 폭발적으로 늘어나며 출판사에서 연락이 왔고 진짜 종이책으로 출판되었다. 작가라는 어릴 때의 꿈이 이루어진 것이다. 《마션》을 읽은 독자들은 문학적 표현이 뛰어난 책은 아니지만 '과학적으로 매우 전문적이면서도 쉽게 읽힌다'고 평가했다. 언론의 반응도 뜨거워 금세 아마존 서점의 베스트셀러에 올랐다. 책은 해외로도 수출되어, 한국을 비롯해 무려 29개국에서 번역 출간됐다. 위어는 말로 표현할 수 없는 인기를 누리며, 나사에 초청되고, 우주 비행사와 과학자들과도 어울리게 됐다. 그걸로 끝이 아니다. 앤디 위어의 소설은 영화계의 러브콜도 받았다. 〈글래디에이터〉Gladiator를 연출한 리들리 스콧Ridley Scott 감독이 메가폰을 잡아 세계적으로 흥행에 성공했다. 신데렐라가 따로 없었다. 인생이 송두리째 바뀐 것이다. 전업 작가로 전향한 그는 작가가 되고 싶은 사람들에게 "일단 써야 한다!"라고 말한다. 이제는 전자책을 통해서도 얼마든지 책을 내고 작가가 될 수 있는 길이 열렸기 때문이다.

🚶 실천이 능력이다

빌 클린턴Bill Clinton 미국 전 대통령은 자신이 만든 '클린턴 글로벌 이니시어티브Clinton Global Initiative, CGI' 행사에 한 농부를 초청했다. 그리고 그 자리에서 청중들에게 "이 사람은 나의 영웅입니다"

나는 고작 한번 해봤을 뿐이다

라고 소개했다. 얼마 후 클린턴이 치켜세운 영웅은 맥아더 펠로우십MacArthur Fellowship, 일명 '천재상Genius Grant'의 수상자로 선정되며 또 한 번 주목을 받았다. 이 상은 창의적인 업적을 이룬 사람에게 주는데, 5년 동안 매년 10만 달러의 상금을 지급한다. 그뿐만 아니다. 농부는 《타임》TIME 선정 '세계에서 가장 영향력 있는 100인'의 명단에도 이름을 올렸다. 이야기의 주인공은 농부 윌 앨런Will Allen으로 한때 NBA 프로농구 선수로도 꽤 이름을 날리던 사람이었다. 그는 왜 농부로 전향했고 그 이후에는 어떤 일을 해냈을까?

가난한 소작인의 아들로 태어난 앨런은 농구 특기생으로 대학에 들어가기 전까지, 농사일에서 벗어날 수가 없었다. 운동을 하려면 먼저 나무를 베거나 잡초를 뽑아야 했고, 농구를 할 환경도 열악해 바구니를 나무에 고정해 놓고 슈팅 연습을 해야 했다. 얼마나 싫었던지, 앨런은 대학에 입학하면 다시는 농사일을 하지 않겠다고 수시로 다짐했다. 앨런의 꿈은 빨리 실현됐다. 졸업하자마자 벨기에에서 프로 농구 선수로 뛰며 행복한 시간을 보냈다. 그런데 머나먼 나라에서 운명의 장난이 시작될 줄은 상상도 하지 못했다. 팀 동료와 함께 가족 농장에 가서 감자 심는 일을 돕던 어느 주말, 우연히 도시 생활의 근본적인 문제점을 깨닫는다. '우리는 왜 대기업에서 제공하는 좋지도 않은 음식을 먹어

야 하지?' '왜 스스로 가꿔 먹을 생각을 안 했지?'

앨런은 미국으로 돌아가 아내와 함께 고향에서 작물을 한번 키워 보기로 했다. 농사를 보는 눈이 어릴 때와는 차원이 달랐다. 농구보다 훨씬 더 보람 있게 느껴졌다. 그러다 농장까지 인수하게 됐고 마침내 '그로잉 파워Growing Power'라는 비영리단체를 설립했다. 농구 선수 시절 배운 대인 관계 능력 덕분에 빠르게 지역사회에 파고들 수 있었다. '그로잉 파워'의 영역은 점차 확장됐다. 주민 음식 센터를 만들어 지역민들이 직접 음식을 생산할 수 있도록 도왔다. 쓰레기를 재활용하고 친환경 비료 생산 방식을 개발했으며, 도심에서 식물을 키울 수 있는 특수 토양도 만들었다. 안타깝게도 재정적 어려움으로 법인은 2017년에 청산되었고, 일부 프로그램은 다른 기관에서 계승했다. 프로 농구 선수에서 존경받는 사업가로, 저명한 도시 농업 전문가로, 앨런은 지금도 각종 단체에 자문해 주고 있다. 어쩌다 시작한 소박한 농사가 지역사회를 움직이는 가운데 그의 꿈은 식탁 개선 운동에서 점차 사회혁명으로 나아가고 있다. 우연한 깨달음 그리고 한번의 농사짓기에서 비롯된 '점의 연결'이다.

한번 해 보는 것이 하루, 이틀 반복되면 습관이 된다. '나는 그런 사람'이라는 정체성은 거창한 목표에서가 아니라, 작은 실천

나는 고작 한번 해봤을 뿐이다

의 반복에서 나온다. 오늘도 한번 해 본 사람은 내일도 해 볼 가능성이 크다. 그런 사람은 자신을 믿게 된다. 그것이 진짜 변화다.

🚶 27달러, 세상을 바꾸다

1974년은 방글라데시 역사상 손에 꼽힐 정도로 끔찍한 한 해로 기록된다. 대홍수로 전 국토의 절반이 물에 잠겼고 연이어 가뭄이 찾아왔다. 대기근으로 약 10만 명이 사망했다. 유복한 가정에서 태어나 미국 유학을 마치고 경제학자의 길을 걷던 무함마드 유누스Muhammad Yunus는 참혹한 현실을 받아들이기 힘들었다. 대참사와 더불어 당시 방글라데시에는 말도 안 되는 고리대금업이 성행하고 있었다. '길바닥에서 사람들이 죽어 가고 있는데, 경제학 이론이 무슨 소용이란 말인가?' 서른두 살의 젊은 교수는 회의에 빠졌고 대학교 주변의 주민들이라도 도울 방법을 찾게 된다. 어려운 처지에 놓은 그들에게 할 수 있는 최선은 적은 돈이라도 빌려주는 일이었다.

42명에게 빌려준 돈은 단돈 27달러. 그러나 파급효과는 적지 않았다. 주민들은 그 돈으로 송아지를 사고, 음식을 살 수 있는 손수레를 마련해 가난에서 벗어나기 시작했다. 어느 여성은 빌린 돈을 시드 머니로 사용해 600배에 달하는 수익을 내기도 했다. 놀라운 건, 돈을 빌려 간 주민 누구도 약속한 채무 상환 날짜를 어기지 않았다는 사실. 유누스는 더 많은 사람을 돕기 위해 은행을 찾아갔다. 하지만 은행은 가난한 사람의 편이 아니었다. 담당자는 담보 없이 돈을 빌려주는 게 말이 되느냐고 되물었다. 그는 이 일을 계기로 은행을 직접 만들어야겠다고 결심한다. 1976년에 설립한 '그라민 뱅크Grameen Bank'가 바로 그것. 무담보 소액 대출을 하는 실험적인 은행이다. 이 프로젝트가 시행된 3년 동안 500여 가구가 절대 빈곤에서 벗어날 수 있었다. 나중에는 대출 혜택을 받는 사람이 1천만 명을 넘기게 되었다. 점차 신용 소액 대출로 빈곤 인구가 감소하였고, 빈곤에서 탈피한 사람들은 자식들을 학교에 보낼 수 있게 되었다. 교육을 받은 청소년들은 취업 기회가 많아졌고 급여도 향상되었다. 자영업자의 수도 확대되었다. 유누스는 은행뿐만 아니라 사업으로도 영역을 넓혀 갔다. 저소득층 어린이들의 영양실조 문제를 해결하기 위해 프랑스 유가공 회사와 제휴해서 초저가의 요구르트를 생산하는가 하면, 오염된 식수로 생활하는 저소득층을 위한 식수 공급 사업도 시작했다. 이러한 공로를 인정받아 2006년에 무함마드 유누스와 그라민 은행은 노벨 평화상을 수상한다. 가난한 사람들에게 희망을 나누어 준 은행가 유누스는 '빈곤 없는 세상'이라는 불가능해 보이는 꿈에 한 발씩 내디디고 실현해 갔다. 중요한 건 이 모든 게 사전에 계획된 것이 아니라 우연한 계기에

나는 고작 한번 해봤을 뿐이다

의해 '하다 보니' 일이 커졌다는 사실이다.

 드라마틱한 성공담을 만든 이들은 우리에게 두 가지를 시사한다. 첫째, 새로운 일은 작은 계기에서 시작된다. 둘째, 꾸준히 하면 더 큰 일로 연결된다. 이 둘 간의 관계는 사실 하나의 메커니즘이다. 작은 일을 했을 때 성공을 자주 경험하면서 더 그 일에 매진하게 되고 더 큰 보상을 받게 된다. 그 일이 꼭 직업을 겨냥할 필요는 없다. 미래의 '점'은 어떻게 '연결'될지 아무도 모르며, 설사 눈에 보이는 연결이 없더라도 과정의 '재미'를 통해 이미 충분히 보상받은 것과 같기 때문이다.

운을 이기는 '작은 행동'의 마법

성공 스토리는 일반적으로 하나의 드라마 구조가 있다. 주인공이 무엇을 얻기 위해 무척 열심히 노력하는 과정이 드라마다. 여기에 빠질 수 없는 요소가 있는데, '우연한 기회'라고 하는 '운'이다. 그렇다면 우리는 운을 기다리기만 해야 할까? 아니다. 중요한 건 그 우연을 '기회'로 바꾸는 준비된 태도와 '작은 실천'이다.

예기치 못한 한 번의 권유가 인생의 방향을 바꾸는 계기가 되기도 한다. 애니메이션 영화의 거장 미야자키 하야오는 어렸을 때부터 그림 그리기를 좋아했다. 아버지는 아들을 위해 화실에 보내기도 했지만, 그렇다고 남들에게 두루 인정받을 정도의 실

나는 고작 한번 해봤을 뿐이다

력은 아니었다. 미야자키는 커서 아버지의 바람대로 경제학과에 진학했지만, 그림만은 포기하지는 않았다. 그러던 중 우연히 '한 선배의 권유'에 의해 동아리의 인형극 시나리오를 쓰게 되는데, 뜻밖에도 큰 호응을 얻게 된다. 자신감을 얻은 미야자키는 신인 만화 공모전에 지원하고 덜컥 당선된다. 그때부터 진로는 결정됐다. 작은 제안 하나에 흔쾌히 응한 용기, 그 반응이 평생의 길을 열었다.

반대로, 전혀 운이 좋아 보이지 않는 환경 속에서도 기회를 만든 사람도 있다. 1905년 알베르트 아인슈타인Albert Einstein은 물리학 역사에 획을 긋는 네 편의 논문을 연이어 발표한다. 네 번째 논문이 그 유명한 '특수 상대성 이론'이다. 그해 두 번째 논문으로 박사 학위를 받았다. 그러나 불과 5년 전만 해도 아인슈타인은 그저 별 볼 일 없는 백수에 지나지 않았다. 1900년 아인슈타인은 취리히공과대학을 졸업했다. 교수들은 아인슈타인을 조교수로 채용할 생각이 없었다. 1902년 친구의 도움을 받아 마침내 스위스 특허청 심사원 일자리를 얻게 된다. 주경야독으로 연구에 집중했다. 아인슈타인의 역량에 비해 다소 수준이 낮은 일이었지만 결과적으로 잘된 일이었다. 단지 소득이 생기고 결혼을 할 수 있게 되어서가 아니다. 훗날 아인슈타인은 만약 자신이 대학에 있었다면 기존의 이론을 이어받은 안전한 논문이나 발표

했을 것이라며 직장인으로 연구를 병행했던 것에 감사해하기도 했다. 운이 없었다고 좌절하지 않고, 자신만의 리듬으로 꾸준히 걷는 것. 그것이 길을 만드는 법이다.

때론 아무도 주목하지 않는 '마주침' 하나가, 예술의 패러다임을 뒤바꾸는 출발점이 되기도 한다. 1907년 여름, 피카소는 혼자서 트로카데로에 있는 인류 박물관을 찾았다. 거기서 아프리카인들의 가면과 조각품에 완전히 압도된다. 피카소는 박물관의 가면들을 바라보며 스스로 '왜 화가가 되었는지' 깨달았다. 그는 넋이 나간 듯 박물관을 나섰고 여름이 끝나갈 무렵 거대한 작품을 완성했다. 6미터에 달하는 대작이었다. 대부분 비평가와 동료 작가들로부터 악평이 쏟아졌다. 한 시대의 막을 내리는 데 필요한 진통이었을까? 얼마 후 그 작품은 20세기 최고의 걸작으로 평가받는다. 바로 〈아비뇽의 처녀들〉이다. 그저 스쳐 지나갈 수도 있었던 장면 앞에서 멈추어 선 것, 그리고 그것을 붙잡아 만든 용기가 예술사를 바꾸었다.

이제 우연을 제거하고 생각해 보자.
- 미야자키 하야오에게 인형극 시나리오를 써 보라고 권유한 선배가 없었다면?

- 아인슈타인에게 특허청 심사원 일자리를 얻는 데 도움을 준 친구가 없었다면?
- 피카소가 트로카데로 인류 박물관을 찾지 않았다면?

이처럼 우연의 힘은 모든 결과를 완전히 뒤바꿀 정도로 강력하다. 시샘이 절로 생긴다. 왜 나에게는 우연히 권유하는 선배가 없고, 결정적 조언을 해 주는 친구가 없을까?

🏃 행운이 따르는 사람의 특징

사람들은 성공한 이들을 보며 종종 이렇게 말한다. "그 사람, 운이 좋았지." 하지만 행운은 마냥 하늘에서 떨어지는 선물이 아니다. 삶의 갈림길에서 우연을 기회로 바꾸는 태도와 선택, 그것이 진짜 '운을 부르는 기술'이다. 그 대표적인 사례가 다나카 고이치다. 2002년 10월 9일 저녁 6시, 한 통의 전화를 받기 전까지 다나카 고이치는 평범한 회사원에 불과했다. 중요한 전화라고 해서 회의 중에 받긴 했지만, 영어로 말을 걸어와 도통 알아들을 수가 없었다. 그런데 전화기를 내려놓자마자 회사 전화기 수십 대가 일제히 울리기 시작했다. 기자들이었다. 그 순간 그는 세상에서 가장 유명한 회사원이 됐다. 단백질의 질량을 정확하게 측정할 수 있는 '연성 레이저 이탈 기법'으로 노벨 화학상을 받은 것이다. 다나카는 "일련의 모든 결과가 우연"이라고 말한다. 시간을 되돌려 보자. 전기공학을 전공한 그가 일하고 싶었던 곳은 당시 최고의 전자 회사 소니Sony였다. 그러나 면접에서 떨어지고 할 수 없이 지방에 있는 계측 회사에서 화학 연구원으로 출발하게 됐다. 본의 아니게 전기에서 화학으로 관심사를 바꾼 것이다. 그에게 찾아온 첫 번째 '운'이다. 화학 지식에 어두웠던 그는 오히려 엉뚱한 실험을 많이 할 수 있었다고 한다. 노벨상 수상도 이런저런 실험을 하다가 실수로 두 용액을 잘못 섞으면서 발견한 쾌거였다. 다나카의 이야기는 운처럼 보이는 기회조차도 낯선 상황 속에서 한번 더 실험해 본 사람에게 찾아온다는 사실을 잘 보여 준다.

그렇다면, 과학적으로 '운이 좋은 사람'에게는 어떤 공통점이 있을까? 이 흥미로운 질문에 접근한 인물이 있다. 영국 하트퍼드셔대학의 행동심리학 교수인 리처드 와이즈먼Richard Wiseman은 괴짜 심리학자로 통한다. 프로 마술사라는 독특한 이력의 소유자이면서 미신과 행운 등 주류 심리학에서 다루지 않은 주제를 파고들기도 한다. 또한 대중을 상대로 재미있는 실험을 자주 하는 것으로도 유명해서, 덕분에 그는 영국 언론에서 가장 자주 인용되는 심리학자로 꼽힌다. 와이즈먼 교수는 18세에서 84세 사이 400명을 대상으로 '운이 좋다'는 사람들과 '운이 나쁘다'는 사람들의 행동을 촬영하고 대화를 녹음해 분석했다. 운이 좋은 사람들, 즉 행운아의 특징을 한마디로 요약하면 불확실성을 즐긴다는 것이다. 그들은 삶의 태도가 느긋했으며 새로운 경험에 대해 개방적이었다. 그런 성향은 비언어 커뮤니케이션에서도 관찰되었는데, 행운아는 신체 언어 구사를 잘하고, 자주 웃으며, 대화할 때는 상대방과 눈을 잘 마주쳤다. 이런 태도가 많은 친구 관계로 확장되며 더 많은 기회를 촉진한 것이다.

🚶 인생은 대수롭지 않은 것에서 시작된다

행운이 우연처럼 보이지만, 사실은 성향과 행동에서 비롯된다는 점은 또 다른 조사에서도 확인된다. 변호사이자 자기 계발 강사인 토머스 슈와이크Thomas A. Schweich는 성공한 사람들의 특징이 궁금해서 100명을 대상으로 설문과 인터뷰를 진행했다. 가장 눈에 띄는 결과는, 성공한 사람들이 대부분 처음부터 뚜렷한 목표를 세우지 않았다는 점이다. 100명 중에 구체적인 목표를 세웠다는 대답은 5%에 불과했다. 반면 95%에 달하는 사람들은 '정해진 시간에 특정한 직함을 달겠다'와 같은 고정된 목표에 집착하는 것이 성공의 장애물이라고 한목소리를 냈다. 이 말의 의미는 보잉Boeing사의 부사장이었던 마이클 시어스Michael M. Sears의 인터뷰에 잘 나타난다. "인생은 대수롭지 않은 것에서 시작

한다. 좋아하는 일이 있으면 그 일을 붙잡고 즐기면서 열심히 하면 된다." 전 미 법무부 장관 재닛 리노_{Janet Reno} 역시 로스쿨을 졸업할 때 품었던 유일한 야망이라고는 어떤 자리든 법과 관련 있는 일자리를 얻는 것이었다고 말했다. 이들의 말을 한마디로 정리하면 우연한 기회는 '비록 작을지라도 현재 마음이 가는 것을 할 때, 특히 지속해서 할 때' 따라온다는 것이다.

다시 다나카 고이치의 이야기로 돌아가 보자. 그의 연구는 실수에서 시작되었다. 그는 애초 레이저를 이용해 단백질의 질량을 측정하려고 했다. 그러나 광선의 힘이 너무 세서 단백질이 쉽게 깨지는 게 문제였다. 그래서 레이저를 약하게 하는 보조제를 찾기 위해 실험을 거듭하고 있었는데, 어느 날 두 가지 보조제가 실수로 그만 뒤섞여 버린 것이다. 이 코발트와 글리세롤의 조합이 노벨 화학상의 영예를 안겨 주었다. 우연은 어떻게 찾아왔을까? 두 보조제의 조합을 얻기까지 시도한 실험 횟수는 200여 회가 넘는다. 발생한 사건이야 우연이라도 치더라도 미세한 다름을 발견할 수 있던 안목은 무수한 실험의 축적 덕분이다. 마찬가지로, 피카소도 천재이기 이전에 실천가였다. 스페인에 있을 때도 시간만 나면 프라도 미술관으로 달려갔고, 파리로 유학을 갔을 때도 루브르 미술관에서 살다시피 했다. 일반인들의 상상과다르게 지독한 노력파였다. 또한, 미야자키 하야오의 운명을 바꾼 '인형극 시나리오'는 어떤가? 잘하지 못한다고 해서 혹은 귀찮다고 해서 슬그머니 피했다면 오늘날의 거장이 될 수 있었을까? 이 세 사람 모두, 결국 '작은 행동'을 꾸준히 실천한 덕분에 길을 만들 수 있었다.

미국의 대표적 영화 제작사인 골드윈 픽처스Goldwyn Pictures의 창업자인 새뮤얼 골드윈Samuel Goldwyn은 "행운이란 기회를 알아보는 감각이며 그것을 이용하는 능력이다"라고 말했다. 이것은 과거의 경험으로부터 끌어내는 유추 능력에서 비롯된다. 이를 통해 '전에도 그랬으니까 이번에도 그럴 수 있다'고 상상할 수 있게 된다. 불확실성에 대한 불안감이 상대적으로 낮은 데다, 과거의 성공 경험이 심리적 후원자 역할을 한다. 행동으로 이어질 확률이 높아질 수밖에 없다. 잘나가는 사람들의 이야기, 게다가 우연까지 더한 이야기를 들으면 질투가 생길 법하다. '왜 나에게는 우연한 기회가 오지 않을까?' 하며 말이다. 그러나 많은 성공 사례가 증명하고 있다. 기회라는 문은 아주 작은 실천을 통해 마치 우연인 듯 열린다. 그래서 무엇이든 '한번' 해 보겠다는 태도, 작지만 구체적인 실천이 중요하다. 진짜 행운은 언제나 움직이는 사람에게 찾아간다.

터무니없는 아이디어가
기회의 문을 연다

가끔은 너무 엉뚱해서 말도 안 되는 생각이 놀라운 미래로 이어지기도 한다. 처음에는 그 누구도 진지하게 받아들이지 않지만, 바로 그 '터무니없는 생각'이 새로운 시대를 여는 열쇠가 되곤 한다. 스물다섯 살의 브라이언 체스키 Brian Chesky는 미국 샌타모니카에서 디자이너로 일하고 있었다. 그러던 어느 날 충동적으로 퇴사를 결심하고 한밤중에 샌프란시스코로 차를 몰았다. 그곳에는 대학 동창 조 게비아 Joe Gebbia가 살고 있었다. 체스키는 게비아의 아파트에 머물며 함께 디자인 회사를 창업할 계획이었다. 그런데 아파트에 도착하자마자 월세를 감당할 돈이 부족하다는 사실을 알게 되었다. 당시 체스키의 재산은 1,000달러였는데, 월세는 이보다 150달러가 많았다. 눈앞이 캄캄했지만 이

나는 고작 한번 해봤을 뿐이다

미 엎질러진 물이었다. 당장 월세가 절박했다. 체스키는 '숙소가 필요한 디자이너들에게 싸게 빌려주면 어떨까?' 하는 생각을 해낸다. 때마침 그 주말은 샌프란시스코에서 국제 디자인 콘퍼런스가 열릴 예정이었다. 호텔은 전부 매진된 상황. 마침 조에게 에어 베드 몇 개가 있었다. 이 즉흥적인 아이디어를 한번 해본 것이 숙박 중개를 통해 공유 경제의 아이콘으로 떠오른 에어비앤비Airbnb의 출발이다. 회사명도 Air Bed & Breakfast(에어 베드와 아침밥)에서 따왔다. 이 서비스는 비어 있는 자기 집의 사진을 찍어 에어비앤비 홈페이지에 올리면 여행객이 예약과 결제를 진행하고, 에어비앤비는 일정한 수수료를 받는 것이다. 에어비앤비는 '누구나 어디서나 집처럼 머물 수 있다'는 비전으로 여행과 숙박 시장의 혁신을 이끈 대표적인 글로벌 플랫폼이 되었다. 재미있는 건 숙박업으로 성공한 사람이 디자이너였다는 점이다. 더 재미있는 건, 이 아이디어가 실제 사업으로 연결될 거라고는 당시에 아무도 생각하지 못했다는 사실이다.

"저희 자신도 그 아이디어가 터무니없다고 생각했어요. 단순히 월세 벌이용으로 생각했죠. '진짜 아이디어'를 생각해 내기 전까지 말이에요." 에어비앤비의 성공 비결은 사람들의 욕구를 반영했다는 데 있다. 해외여행이 일상화된 시대, 여행자들의 제일 큰 관심은 잠을 잘 수 있는 장소다. 이왕이면 저렴하고 특별한 곳을 원한다. 특별함이란 그 나라의 문화를 깊숙이 체험하는 것이다. 공급자 역시 노는 방을 빌려주고 돈을 벌고 싶다는 욕구가 있다. 이 둘의 만남, 정말 멋진 아이디어 아닌가? 그러나 처음에는 누구도 놀랄 만한 아이디어라고 생각하지 않았다. 이를 입증하듯 시장에서 경쟁자는 나타나지 않았다. 서비스의 진가를 알리는 데는 오랜 기간의 열정이 필요했다. 이용자 100명을 모으는 데 1년이 걸렸고, 투자를 받기 위해 벤처 캐피털 일곱 군데에 접촉했지만 모두 거절당했다. 한참 지나서야 집세를 내고 라면으로 끼니를 때울 수 있을 만한 수입을 올렸다. 사업을 시작할 때 체스키는 참여 의사가 있는 집을 일일이 방문해 온라인에 올릴 사진을 직접 찍었다. 양쪽 당사자 간에 신뢰를 구축하기 위해 여러 가지 장치를 도입했다. 소셜 미디어를 활용한 평판 시스템을 빌려 왔고, 사용자 후기 공개를 의무화시켰다. 점차 입소문이 퍼졌다. 뉴욕에서 이 서비스를 경험한 사람들은 자신이 사는 도시에도 도입되기를 원했다. 열광하는 사람들은 늘어났고 서비스는 무서운 속도로 퍼졌다.

체스키는 인생에서 최고의 조언을 해 준 사람으로, 에어비앤비의 첫 번째 투자자인, 투자의 귀재 폴 그레이엄 Paul Graham을 꼽는다. 폴 그레이엄은 드롭박스 등 500여 개의 기업을 육성해서 "스타트업의 사관학교"로 불리는 와이 컴비네이터 Y Combinator, YC

나는 고작 한번 해봤을 뿐이다

의 공동 설립자다. 그는 체스키에게 "서비스를 사랑하는 사용자 100명을 모으는 것이 그럭저럭 좋아하는 사용자 100만 명을 모으는 것보다 낫다"라고 조언했다. 이것이 입소문 효과의 본질이고 오늘날 에어비앤비 성공의 핵심 요인이다. 폴 그레이엄은 사람을 보고 투자하는 것으로 유명하다. 그가 스타트업에게 해 주는 조언은 마치 청년에게 던지는 메시지처럼 들린다. "스타트업은 될 수도 있고 안 될 수도 있지 하는 마음이 필요합니다. 주변에서 뭘 하든 걱정하지 말고 돌진하는 자세를 가져야 해요. 그러다가 망하면? 다시 새롭게 하면 됩니다." 많은 사람이 '완벽하게 준비된 후에 시작하겠다'고 말하며 평생을 준비만 하다 끝난다. 하지만 완벽한 준비란 존재하지 않는다. '한번 하기'는 완벽주의라는 거대한 장벽을 우회하는 현명한 전략이다. 불완전해도 시작하는 순간, 우리는 현실과 만나게 되고 진짜 필요한 것이 무엇인지 알게 된다. 실제로 성공한 기업가들의 공통점은 완벽한 계획이 아니라 '빠른 시작과 빠른 수정'이었다.

🚶 위대한 것은 계획이 아니라 행동이다

에어비앤비가 '방세를 벌기 위한 작은 실험'에서 시작되었듯, 칸 아카데미Khan Academy 역시 '사촌 동생의 질문'에서 출발했다. 교육의 판을 바꾼 이 거대한 플랫폼도 시작은 지극히 사소하고 개인적인 동기에서 비롯되었다. 인도계 미국인 살만 칸_{Salman Khan}은 MIT에서 수학과 컴퓨터 과학을 전공하고 보스턴에서 헤지펀드 애널리스트로 일하던 인재였다. 어느 날 뉴올리언스에 사는 중학교 1학년인 그의 사촌 여동생이 방정식 문제로 고생한다는 이야기를 들었다. 칸은 기꺼이 과외 선생님이 되어 주기로 하고 처음에는 전화로 과외를 해 주다가 메신저를 이용했다. 나중에는 그것마저 시간 맞추기가 어려워, 유튜브에 동영상 강의를 올려 주었는데, 반응이 좋았다. 인터넷의 특성상 원하는 시간에 반복적으로 볼 수 있기 때문이다. 이 과정에서 예상치 못한 일이 일어났다. 전혀 모르는 사람들도 영상들을 활용하기 시작한 것이다. 피드백도 들어왔다. "제 아이는 난독증을 앓고 있어요. 당신의 강의 영상만이 그 아이가 공부할 수 있는 유일한 수단이에요." 심지어 어떤 이는 "당신과 당신 가족을 위해 기도합니다"라는 편지도 보냈다. 헤지펀드 애널리스트였다면 상상도 못 할 반응들이었다. 이에 고무된 칸은 더 많은 자료를 올리기 시작했고 급기야 잘나가던 금융인의 삶도 포기했다. 가난한 아이들도 좋은 교육을 받을 수 있다는 가능성이 그의 가슴을 뛰게 했다. 금융맨에서 교육자로, 제2의 인생이 시작된 것이다.

그때부터 그는 집에서 아카데미를 만드는 일에 모든 시간을 투자했다. 다행히 그에게는 어려운 과목들도 쉽게 설명할 수 있는 능력이 있었다. 이런 일이 1년 가까이 지속되고, 그동안 벌어 놓은 돈을 다 썼을 무렵, 그의 아이디어에 공감하는 에인절 투자자들이 나타나기 시작했다. 특히 칸 아카데미는 마이크로소프트Microsoft 회장인 빌 게이츠Bill Gates 덕분에 본격적으로 명성을 얻기 시작했다. 그의 자녀들이 이 서비스를 이용하고 있다는 것을 언급한 것이다. 한 공개 대담 자리에서 빌 게이츠는 "내가 세상에서 제일 좋아하는 선생님은 바로 살만 칸이다!"라고 치켜세우며 교육의 혁신 사례로 꼽았다. 그는 자녀 교육뿐만 아니라 자신 역시 칸 아카데미에서 일에 대한 영감을 받는다고 밝혔다. 실제 빌 게이츠는 칸의 제자이자 팬이었으며, 나아가 후원자 역할도 자청했다. 그 덕분에 칸 아카데미는 능력 있는 디자이너와 엔지니어를 채용할 수 있었고, 더 많은 강의 영상을 올릴 수 있게 되었다. 처음에는 유튜브 채널을 통해 수학과 과학 개념을 설명하는 1,600편이 넘는 동영상을 무료로 공개했고, 점차 다양한 과목과 언어로 확대되었다. 살만 칸은 2012년 《타임》 선정 "세계에서 가장 영향력 있는 인물 100인"에 올랐다. 칸 아카데미는 수백만 명의 학습자에게 맞춤형 학습 기회를 제공하며 글로벌 교육의 패러다임을 바꾸고 있다. 설립자 살만 칸의 꿈은 '전 세계 어디에서든 누구나 무료로 공부할 수 있는 학교를 만드는 것'이다. 수학의 예를 들면 덧셈 개념부터 시작해서 고급 미적분 개념까지 수준별로 배울 수 있고, 피드백을 받고 실습도 할 수 있는 학교를 꿈꾼다. 이 학교를 온라인상에 구축하고 궁극적으로는 교실에서 활용되는 것이다.

세계적 수준의 교육을 무상으로 제공하는 프로젝트는 애초에 탁월한 아이디어에서 시작되지 않았다. 가족을 돕겠다는 순수한 행동에서 예상치 못한 반응을 얻고, IT를 만나면서 세상을 바꾸는 강력한 아이디어로 확장된 것이다. 다시 말해 위대한 것은 계획이 아니라 행동이라는 의미다. 단순한 행동에서 계획이 완성되어 가고 위대한 프로젝트로 연결되었기 때문이다. 칸 아카데미를 만든 살만 칸, 에어비앤비를 만든 브라이언 체스키 이들의 공통점은 우연한 기회를 만나 일을 시작해 성공했다는 데 있다. 우리는 여기서 우연한 기회의 '시작'을 주목할 필요가 있다. 그것은 '순수한 마음으로 사촌 동생 돕기', '월세를 벌기 위해 방 빌려주기' 같은 작은 행동이다. 그 일이 어떻게 진행되고 커질지는 그들도 전혀 예측하지 못했지만, 작은 행동들이 점을 연결해 준 것만은 분명하다. 여기서 말하고자 하는 바는 단순히 사업 아이템을 찾자는 것이 아니다. 인생은 사업보다 훨씬 복잡하고 넓은 이야기이기 때문이다. 다만 기회를 원한다면, 그물을 던져야 한다. '뭐라도 해야, 뭐라도 걸린다.' 결국 위대한 변화는 거창한 계획보다도 단순한 시작에서 비롯된다는 것을 잊지 말자.

나는 고작 한번 해봤을 뿐이다

PART 2

나는 고작 30분 읽었을 뿐이다

대수롭지 않은 노력의 힘

완벽한 목표보다 가벼운 습관

사회생활을 하면서 마음 한구석에 늘 걸렸던 것이 '독서'였다. 연초가 되면 '일주일에 한 권은 읽어야지' 하고 결심했지만, 그때뿐이었다. 대학 시절 한때는 연간 독서량이 100권을 넘기도 했는데, 그때와 비교하면 처참한 결과였다. 직업이 콘텐츠를 기획하는 일이라 업무 관련 책은 제법 읽었지만, 그 외의 책을 읽은 경험은 한 손에 꼽을 정도였다. 이유는 늘 있었다. '새로운 프로그램을 맡게 돼서', '이번에는 프로젝트 규모가 커서' 등 실천에서 멀어질수록 포기할 수밖에 없는 변명도 늘어났다.

그러다 본격적으로 걷기 시작하면서 독서량이 66권으로 무려 여섯 배나 뛰었다. 시작은 집에 차를 두고 지하철로 출근하면서부터였다. 어느 날 스마트폰을 접고 책을 집어 들었는데, 읽는 재미가 쏠쏠했다. 적당한 소음과 함께 서서 읽는 독서법은 책에 집중하기에 그만이었다. 심지어 하차할 시간이 가까워질 때는 '조금 더 가다가 되돌아올까?' 하고 생각할 때도 있었다.

집에서 회사까지 편도로 30분, 왕복 1시간 남짓으로 주 5일이면 한 권을 완독하기에 충분한 시간이었다. 실제로 이런 자투리 시간만으로도 일주일에 한 권은 읽을 수 있었다. 성취감이 절대 작지 않았다. 그러면서 슬쩍 계획에 집어넣었다. '지하철을 타면 책을 읽어 보자.'

자투리 독서법의 진짜 위력은 '일단 시작했다'는 데 있다. 나의 경우 지하철 출근길 30분 동안 처음으로 잡은 책을 30페이지 정도 읽게 되었다. 그런데 한번 진도가 나가면 계속 끌고 가고 싶은 심리가 생긴다. 일종의 관성이다. 그래서 화장실을 갈 때나, 점심 식사 후 시간이 남을 때, 혹은 업무 후 시간이 남을 때도 틈틈이 읽게 된다. 더군다나 50페이지 정도 남았다면 20페이지는 회사에서 해결하고 퇴근하고 싶은 욕구가 강하게 생긴다. 그래야 지하철 퇴근길에서 한 권을 마무리할 수 있기 때문이다.(하차하기 전에 책 한 권을 끝내면, 그 기분은 정말 끝내준다!)

그 결과 이듬해에는 100권을 돌파했다. 스스로 대견스러울 만큼 놀라운 결과였다. 이미 습관으로 형성된 것은 물론, 자신감도 충만해졌다. 무엇보다 강력한 신조가 생겼다. 사람의 마음을 끌고 가는 것은 뚜렷한 목표가 아니라, 작은 실천이다!

🏃 책을 펼쳤다면, 눈덩이를 굴리기 시작한 것이다

《7번 읽기 공부법》의 저자 야마구치 마유가 중학생일 때, 소프트볼 동아리 모임과 시험 기간이 겹치는 날은 그녀에게 언제나 스트레스였다. 마유는 매번 지각하는 부원을 기다리며 가슴을 졸이느니, 그 시간에 교과서를 펴기로 했다. 한창 사춘기 여중생으로서 남과 다른 행동을 한다는 것은 큰 용기가 필요한 일이었다. 그런데 우려했던 일은 일어나지 않았고, 친구들은 그러려니 했다. 그 일 이후 그녀에게는 '열심히 공부하는 아이'라는 이미지가 생겼다. 공부하는 데 누구의 눈치도 받을 일이 없게 된 것이다.

그렇게 자투리 시간을 활용하면서 또 하나의 수확이 있었다. 일명 가볍게 읽기, '통독'의 힘이었다. 중학교 3학년이 되어서는 전국 모의고사를 봐야 했는데, 시험 범위가 너무 넓었고, 고육지책으로 책을 가볍게 반복해서 읽었을 뿐인데 놀랍게도 전국 1등을 했다. 마유는 도쿄대학에 입학해서 사법시험에 합격했고, 졸업도 수석으로 마쳤다. 기자가 물었다. "도대체 어떻게 공부했습니까?" 그녀는 "7번 읽으면 대부분 외워져서…"라고 답했다. 이 말이 계기가 되어 책을 냈고, 베스트셀러가 됐다. 7번 읽기는 통독의 다른 말이었다. 빠른 통독은 읽기에 부담이 적어 횟수를 늘리는 데 큰 어려움이 없었다.

그녀는 매회 목표를 달성하는 경험을 하게 되면서 작은 목표의 힘을 깨우쳤다. "목표가 달성될 때마다 기쁨과 의욕은 확실히 쌓여 갑니다. 이렇게 저금한 성공 경험은 이윽고 자신감이라는 자기 자신의 든든한 기반을 만들어 내죠."

자신감은 어떤 행위를 반복할수록 눈덩이처럼 커지는 법이다. 자신감은 성공을 가져다주고 성공은 더욱 큰 도전으로 내딛는 용기를 준다. 독서도 마찬가지다. '이 두툼한 책을 언제 다 읽나' 싶지만 일단 한두 페이지를 읽다 보면 책을 펼치기 전보다 두려움이 한결 사라진다. 나 역시 그런 생각을 한 적이 있다. 애초에 목표를 만만하게 조절해서 '일주일에 한 권 읽기'가 아닌, '지하철에서 책 펼치기'로 했다면 어땠을까. 한 달에 한 권은 읽었을 것이다. 독서도 습관이다. 한두 번 책에서 감흥을 얻으면 내적 동기가 생긴다. 한 권을 덮었을 때 성취감도 적지 않다. 그 성취감이 다시 강한 동기를 발생시킨다는 데는 이론의 여지가 없다.

우리의 뇌는 새로운 경험을 할 때마다 신경 연결망을 재구성한다. 단 한 번의 작은 행동이라도 뇌에서는 새로운 신경 경로가 만들어지며, 이는 '가능성의 문'을 여는 첫 번째 열쇠가 된다. 신경 가소성 연구에 따르면, 뇌는 평생에 걸쳐 변화할 수 있으며, 작은 변화의 반복이 결국 뇌 구조 자체를 바꾼다. 거대한 변화를 꿈꾸기 전에, 뇌가 변화를 받아들일 수 있도록 작은 신호를 보내는 것이 먼저다.

머리보다 발이 빨라야 하는 이유

뿔테 안경과 멜빵 패션이 인상적인 래리 킹Larry King은 미국 토크쇼의 상징적인 인물이다. 생전에 "토크쇼의 제왕"이라는 별칭을 얻었고, 아직도 전설로 남아 있다. 그는 군더더기 없이 짧게 묻고 누구한테도 주눅 들지 않는다. 그러면서도 상대의 말을 경청하고, 재치 있게 받아칠 줄도 안다.

이런 대체 불가능한 화법은 시사에 관심이 없던 사람들도 TV 앞으로 끌어모았다. 1993년 부통령 앨 고어Al Gore와 대선 후보 로스 페로Henry Ross Perot를 대상으로 한 대담은 무려 1,600만 명 이상이 시청했고 CNN 사상 최고의 시청률을 기록했다.

그는 50년 넘게 방송을 했는데, CNN 〈래리 킹 라이브〉Larry King Live는 1985년부터 무려 25년간 진행하며 최장기간 토크쇼 진행 기록으로 기네스북에 등재되기도 했다. 그동안 출연한 사람만 5만 명 이상. 출연자들의 면면도 화려하다. 미하일 고르바초프Mikhail Gorbachev, 블라디미르 푸틴Vladimir Putin, 마거릿 대처Margaret Thatcher 등 각국 정상부터 흑인 인권 운동가 맬컴 엑스Malcolm X, 〈플레이보이〉Playboy 창업자 휴 헤프너Hugh Hefner, 배우 오드리 헵번Audrey Hepburn 등 당대 최고의 이슈 메이커들을 출연시키며 세계에서 가장 영향력 있는 프로그램으로 자리 잡았다. 《타임》은 래리 킹에게 "마이크의 달인"이라는 별명을 붙여 주었다.

지금부터 래리 킹을 유명하게 만든 '점의 연결'을 찾아보자. 40년 이상 '말하기'를 직업으로 삼아 온 그도 처음부터 유능한 진행자는 아니었다. 아홉 살에 아버지를 여의고 가족들은 기초생활보장 수급자가 됐다. 안경도 뉴욕시 구호금을 받아 살 수 있었다. 대학은 꿈도 꿀 수 없었고, 사회의 첫 출발이 우체국 배달부였다. 그러면서도 방송인의 꿈만큼은 키워 나갔다.

스물두 살이 되던 1955년, 그 꿈을 실현하기 위해 삼촌이 사는 큰 도시, 마이애미로 갔다. 구체적인 계획은 없었다. 게다가 무일푼이었고 잠을 잘 수 있는 거처 말고는 확실한 건 하나도 없었다. 래리 킹은 '지금' 자기가 할 수 있을 일이 무엇일까 생각했다. 그렇게 찾아낸 게 방송국 주변을 어슬렁거리는 것이었다.

3주간 매일같이 기웃거리며 드디어 방송국에 잡역부로 들어갈 수 있게 되었다. 하찮은 일이었지만 뉴스 제작 과정과 진행자들의 모습을 가까이서 지켜볼 수 있었다. 그러던 어느 날, 방송 책임자로부터 '목소리가 아주 좋다'는 평가를 받기도 했다. 래리 킹은 진행자로서 기회를 달라고 했지만 "빈자리가 나오면 연락을 주겠다"라는 기약할 수 없는 약속만 간신히 받아 낼 수 있었다.

잡일을 한 지 2년이 됐을 때, 마침내 기회가 왔다. 부재중인 앵커를 대신해 방송을 진행해 달라는 제안을 받은 것이다. 꿈에 그리던 순간이었다. 앵커석에 앉았지만, 말이 떨어지지 않았다. 첫 방송 때 래리 킹은 이렇게 말할 수밖에 없었다. "저는 사실 오늘이 첫 방송입니다. 조금 전까지 혀가 굳어서 입도 못 떼고 있었는데, 밖에서 총국장이 문을 뻥 차는군요. 덕분에 정신이 번쩍 들었습니다."

첫 방송은 망쳤지만 어쨌든 래리 킹은 주급 55달러짜리 진행자로 첫 방송을 시작하게 된다. 모든 것이 매일 같이 방송국을 기웃거린 결과다. 이후 래리 킹은 마이크 공포증에서 벗어나기 위해 두 가지 방침을 세웠다. 첫째, 언제 어느 때나 말을 계속하겠다. 둘째, 말하기 능력을 꾸준히 높이겠다.

그런 성실함에 힘입어 마이애미 라디오 방송은 히트를 쳤고, 래리 킹도 전국적인 인물이 될 수 있었다. '한번 해 보기'는 전과는 다른 나를 만든다. 성공이든 실패든 상관없다. 경험은 남고, 사람은 달라진다. 세상을 바꾸는 것은 그보다 먼저, 나 자신이 바뀌는 일이다.

지금 할 수 있는 것을 다 해 본다

래리 킹처럼 '지금 할 수 있는 것'을 찾고, 행동으로 옮긴 사람은 또 있다. 그가 향한 곳은 방송국이 아닌, 건축 현장이었다. 안도 다다오는 일본이 낳은 세계적인 건축가다. 건물에 빛, 물, 바람 등 자연적인 요소를 끌어들여 단순미의 극치를 보여 준다는 찬사를 받는다.

다다오는 일찍이 세간의 주목을 받았다. 30대에 일본 건축학회상을 받고 40대에 예일대학 객원 교수, 50대에 건축계의 노벨상으로 불리는 '프리츠커Pritzker 건축상'을 수상할 만큼 이력이 화려하다.

하지만 알고 보면 그는 대단히 입지전적立志傳的 인물이다. 시작은 보잘것없었다. 그의 정규 학력은 공업고등학교 졸업이 전부이고, 한때는 프로 권투 선수로 활동하기도 했다. 20대에 건축가의 꿈을 꾼 그는 독학만으로 세계적인 위치에 올라선 것이다.

그가 성공하기까지 어떤 '점'이 있었고, 그것은 어떻게 '연결'되었을까? 다다오는 중학생 때 열정적인 수학 선생님을 만나 '기하학'의 재미를 알게 되었는데, 그 무렵 가족이 살던 집을 증축하던 목수를 도우면서 건축의 재미를 느꼈다고 한다. 실제 다다오는 중학생 때 목수가 되고자 했다. 그러나 그를 돌봐 주던 외할머니가 만류했다. 할머니는 훌륭한 기술자가 되려면 먼저 지식을 쌓아야 한다고 했고, 다다오는 마음을 바꿔 공업고등학교에 진학한다.

그런데 고등학교 2학년 때, 다다오는 대학 진학을 포기하고 쌍둥이 동생과 함께 권투 선수로 데뷔했다. 대전료를 받아 생계에 보탤 생각이었다. 외할머니를 편하게 모실 수 있는 유일한 희망이기도 했다.

전적은 23전 13승 3패 7무. 성적은 나쁘지 않았고, 당시 대졸 초임보다 많은 돈을 벌었다. 권투 경기를 마치고 집으로 향하던 어느 날, 그는 헌책방에 놓인 프랑스의 건축가 르 코르뷔지에Le Corbusier의 작품집을 보게 되었다. 전율이 일었고, 그날로 '건축가의 길을 걷겠다'고 결심했다.

밑바탕에는 권투 자체에 대한 회의도 깔려 있었을 것이다. 고등학교 졸업을 코앞에 두고 있을 때, 당시 일본 최고 스타였던 하라다 선수의 경기를 보고 나서 아무리 노력해도 그의 타고난 스피드와 심폐기능, 회복력을 따라갈 수 없으리라 판단하기도 했기 때문이다.

2년간의 선수 생활을 마감했지만 무엇을 해야 할지 막막했다. 공고 졸업생으로 할 수 있는 일은 대개 별 볼 일 없었다. 집안 사정도 넉넉하지 않았고, 운동 때문에 공부도 하지 않은 탓에 대학에도 갈 수 없었다. 그러나 그 무렵 자신이 물건 만들기에 흥미가 있다는 사실을 깨닫게 되면서, 공사장 아르바이트에서 실내 장식까지 건축과 관련된 잡다한 일은 닥치는 대로 했다. 이 경험은 훗날 개성 있는 건물을 설계할 수 있는 토대가 되었다.

일이 없을 때는 건축학과 강의를 청강하고, 헌책방에서 건축

관련 교재를 모조리 사다가 읽어 나갔다. 특히 르 코르뷔지에의 작품집은 헌책방에서 수십 번을 봤다. 돈이 없던 다다오의 손에 책이 쥐어질 때까지 한 달이 걸렸다. 그때부턴 집에서 도면을 베끼기 시작했고, 어느새 거의 모든 도면을 외울 정도가 됐다.

책으로 이론을 공부한 다다오는 스물두 살에 일본의 유명한 건축물을 보기로 결심하고 전국 일주에 나섰다. 여행을 갔다 와서는 인테리어 디자이너가 되었고, 스물넷이 되었을 때 마침 해외여행이 자유화되면서 서구의 건축물을 보러 다시 떠났다. 긴 여행이었다. 그동안 번 돈은 모조리 썼다. 걷고 또 걸었다. 7개월간 유럽을 돌아다니면서 지역이 달라지면 생활공간도 달라진다는 사실을 깨달았다. 이후에도 그는 돈이 모이는 대로 여행을 떠났고 이 경험은 다다오 건축의 튼튼한 뿌리가 되었다.

건축을 천직으로 만들어 낸 성공 신화 뒤에는 셀 수 없이 많은 작은 행동의 '점'이 숨어 있다. 건축에 발을 들여놓기 위해 공사판 아르바이트를 하고, 헌책방을 들락거리고, 책의 내용을 필사하고, 수개월에 걸친 건축물 답사까지. 안도 다다오의 성공은 '지금 할 수 있는 건 모두 다 해 본다'는 자세가 만든 결과다. 그런 작은 점들이 모여 최고의 건축 세계를 만들어 낸 것이다.

건축과 전혀 무관해 보이는 권투도 그에게는 점이었다. 17세 때 권투를 하면서 긴장 속에서 상황을 관리하는 법을 배웠다. "건축도 긴장을 풀면 무너지는 것처럼 지적 체력도 중요하다." 그의 말처럼 점이 연결되기를 원한다면 우선 점을 찍어야 한다.

'한번 해 보기'는 실패의 부담이 거의 없다. 대신 그 작은 행동이 예상치 못한 가능성을 열어 준다. 래리 킹은 발로 방송국을 돌았고, 안도 다다오는 발로 도시를 걸었다. 이들의 공통점은 단순하다. 머리로 재기 전에, 몸으로 움직였다는 것이다. '한번 해 보기'는 거창하지 않다. 그러나 반드시 삶을 바꾼다.

생각이 행동을 낳는 것이 아니라, 행동이 생각을 자라게 만든다. 계획이 아니라 실행, 정보가 아니라 체험, 머리가 아니라 '발'이 먼저다. 작은 행동이 이어질 때, 인생의 커다란 전환점은 예고 없이 찾아온다. 당신도 지금, 머리보다 발을 먼저 움직여야 하는 이유다.

모든 것이 갖춰진 상황은 없다

소년과 노인이 서로 알게 된 지는 일 년이 넘었다. 어느 날 노인은 '세상에서 가장 소중한 선물'에 대한 이야기를 들려준다. "이 선물을 받고 나면, 네가 더 행복해지고 원하는 건 무엇이든 훨씬 잘할 수 있게 된단다." 소년은 기대감에 부풀었지만, 노인의 말을 깊이 새기지는 않았다. 지금도 충분히 행복했고 무엇이든지 자신이 하는 일에 빠져들었기 때문이다.

나이를 한 살, 두 살 먹어 가면서 그 '선물'의 정체가 궁금해 다시 노인을 찾아갔다. 그때마다 노인은 수수께끼 같은 말만 할 뿐이다. "어렸을 때는 가장 잘 알고 있었고, 늘 우리 곁에 있는 것."

소년은 점점 커 갔지만 행복해지기는커녕 오히려 갖고 싶은 것만 늘어났다. 청년이 되자 하루하루 살아가는 것도 힘겨웠다. 열심히 일하고도 승진을 다른 사람에게 빼앗기는가 하면, 여자 친구와의 이별도 극복하는 데 오래 걸렸다. 청년은 어떻게든 선물을 찾아야겠다고 다짐했다. 신문, 잡지, 책들을 닥치는 대로 읽었다. 노인이 들려준 그 '선물'이 무엇인지 자세히 알아보지 않은 것이 후회스러웠다.

시간이 많이 흐른 뒤 용기를 내 다시 노인을 찾아갔다. 노인과 함께하는 시간은 기분이 좋았다. 노인은 그 이유가 '소중한 선물' 덕분이라고 말했다.

"정말 그 선물을 찾고 싶다면, 자네가 가장 행복했고 가장 성공적이었던 때를 생각해 보게. 자넨 이미 어디서 그걸 찾아야 할지 알고 있네. 다만 깨닫지 못할 뿐이지."

노인은 청년이 만난 사람 중에서 가장 행복하고 성공한 사람이었다. 대기업의 말단 사원으로 입사해 최고 지위까지 오른, 어려운 환경을 이겨 내고 성공한 인물이었다. 노인에게는 친한 친구들도 많아 사람들이 자주 찾아왔다.

청년은 노인의 조언대로 산속에 있는 조용한 별장에서 잠시 지내보기로 했다. 오랫동안 숲속을 산책하면서 삶을 돌아보았다. '왜 내 삶은 노인과 다를까?'

그러는 사이 어느덧 해가 지고 있었다. 오두막집으로 돌아와 모닥불에 불을 지폈다. 그때 처음으로 오두막의 멋진 벽난로가 눈에 들어왔다. 누가 만들었는지는 모르지만, 난로를 만든 사람은 단순한 벽돌공이 아니라 예술가라는 생각이 들었다. 뛰어난 만듦새에 감탄하면서 벽돌공이 어떤 기분이었을지를 생각했다.

그러다 문득 예전에 노인이 했던 말이 생각났다. "네가 잔디를 깎을 때 기분이 좋았던 것처럼, 지금 하는 일에 완전히 몰두할 때 행복해질 수 있다." 청년은 '그와 같은 기분을 느끼지 못한 이유가 쓸데없이 과거의 일을 후회하고 미래의 불안감에 사로잡히는 데 있다'는 것을 알게 됐다. 그 순간 청년은 '소중한 선물'이 무엇인지 알 수 있었다. 그것은 믿어지지 않을 만큼 평범했다. 선물은 바로 '현재the present'였다.

스펜서 존슨Patrick Spencer Johnson이 쓴 《선물》The Present의 이야기다. 노인은 '행복해지려면 바로 지금 일어나는 것에 집중하라'는 메시지를 전하고 있다. 이 우화는 과거에 집착하고 미래 앞에 불안해하는 현대인들에게 '현재'의 중요성을 잔잔하게 알려 준다. 노인의 말처럼 사람들은 대개 과거의 실수나 미래에 저지를 수 있는 실수를 걱정한다. 즉 현재의 삶이 밀려날수록 즐거움도 사라지게 된다. 알 수 없는 '미래'의 기회도 '현재'의 행동에서 보이지 않게 잉태된다. 단지 그 탄생의 시기를 모를 뿐이다. 그래서 그 시기를 앞당기기 위해서는 현재 할 수 있는 것에 최선을 다해야 한다. 바로 지금 이 순간 자신이 옳다고 생각하는 일을 하자. 어차피 과거는 다시 오지 않고, 미래는 알 수 없다. 확실한 건 '미래를 향해 한 걸음 내디딜 수 있는 때는 바로 지금뿐'이라는 사실이다. 그럴 때 '현재'가 정말 '선물'이 된다.

기회는 언제나 '지금' 찾아온다

1949년, 앤디 워홀Andy Warhol은 대학을 졸업하자마자 뉴욕으로 향했다. 미술학도로서 뉴욕은 꼭 가야 하는 예술의 중심이었다. 도착한 다음 날부터 포트폴리오를 들고 야심 차게 돌아다녔지만, 뉴욕의 벽은 생각보다 한참 높았다. 수십 번의 거절을 경험한 후 워홀의 드로잉 실력에 관심을 가진 잡지사를 만나게 됐다. 문제는 그의 그림이 상업적 용도에 맞지 않는다는 것. 워홀은 물었다. "어떤 그림을 원하시나요?" 디렉터는 "구두 드로잉이요"라고 말하며 아쉬워했다. 워홀도 어쩔 수 없이 발길을 돌려야 했다. 다음 날 워홀은 다시 잡지사를 찾아갔고, 즉시 프리랜서 일러스트레이터로 채용됐다. 하루 사이에 무슨 일이 있었던 것일까? 그가 들고 간 서류 봉투 안에는 구두 드로잉 50장이 담겨 있었는데, 고스란히 밤을 새워서 그린 그림들이었다. 아트 디렉터가 그 열정과 실력에 감동한 것은 당연했다. 고작 하룻밤의 투자가 앤디 워홀에게는 바로 '점'이었다. 그는 첫 직장인《글래머》Glamour에서 일하며 이름을 날리기 시작했고, 60년대에는 대중 미술과 순수 미술의 경계를 무너뜨리고 팝 아트를 대표하는 화가가 됐다.

경영전문대학원, 즉 MBA로 유명한 미국 밥슨대학의 로버트 론스태트Robert Ronstadt 박사는 졸업생들의 사업 성공 여부를 조사했다. 결과는 실망스러웠다. 사업에 성공한 사람이 10퍼센트도 되지 않았던 것이다. 열정을 바쳐 가르쳐 온 선생으로서 좀처럼 이해할 수가 없었다. 그러다 성공 그룹과 실패 그룹 간의 차이를 발견하게 됐다. 성공 그룹의 핵심 요인은 '행동'이었다. 그들은 '실제' 사업을 벌였다. 그러면 나머지 90%의 사람들은 어떻게 답했을까. 설문 기록에 의하면 그들 다수는 '기다리는 중'이라는 표현을 썼다. 우수한 대학원에 입학해 함께 교육을 받았지만 성공하지 못한 그룹은 모든 것이 완벽해질 상황만을 기다리고 있었던 것이다.

행동이 따르지 않는 계획은 진도가 나가지 않는다. 액셀과 브레이크를 동시에 밟으면서 차가 나가기를 기대할 수 없지 않은가? 러시아의 대작가 톨스토이 Leo Tolstoy 는 이런 말을 했다. "당신에게 가장 중요한 때는 현재이며, 당신에게 가장 중요한 일은 지금 하는 일이며, 당신에게 가장 중요한 사람은 지금 만나는 사람이다."

행운의 점은 눈에 띄지 않는 사소한 일에서 시작된다. 그리고 불변의 진실은 그것이 언제나 '지금' 시작되었다는 사실이다. 우리의 인생은 유한하다. 완벽한 계획을 세우고 완벽한 준비를 하다가 정작 실행할 시간을 놓치는 것이야말로 가장 큰 기회비용이다. '한번 하기'는 이런 시간의 희소성을 인정하고, 지금 당장 할 수 있는 것부터 시작하는 현실적 접근법이다. 10년 후에 후회할 일들을 지금 당장 작게라도 시작해 보는 것, 이것이 진정한 시간 관리이자 인생 경영이다. 완벽한 한 번보다 불완전한 여러 번이 결국 더 많은 것을 가져다준다.

나는 고작 한번 해봤을 뿐이다

'작게, 더 작게', 성공의 핵심 전략

내가 지금껏 '치밀한 계획보다는 작더라도 지금 할 수 있는 행동을 하라'고 제안하는 이유는 단 하나다. 말로 표현하기 힘든 '작은 성공의 맛'을 보기 위한 요건이 바로 목표의 '만만함'과 '실행'에 있기 때문이다.

똑똑한 사람 중에서도 의외로 많은 이들이 시작 자체를 부담스러워한다. 분명 전날 맛있는 저녁 식사 자리에서는 "좋은 아이디어다!"라고 마치 당장 할 것처럼 들떠 있다가도, 다음 날이 되면 "근데 그게 말이야…" 하면서 말끝을 흐리기 일쑤다. 프로젝트를 같이할 사람도 없고, 쪼갤 시간도 없다는 얘기다. 이 말은 인력이 충분하고 시간도 넉넉하면 해 볼 만하다는 말 아닌가.

이런 타입은 모든 것이 준비되어야 할 수 있다고 믿는다. 그 결과 일을 미룬다. 말이 보류지 사실 일이 물 건너가는 경우가 허다하다. 완벽주의자들은 누군가에게 내세울 만큼 확실하지 않으면 성과가 아니라고 생각한다. '일을 완벽하게 하려면 완벽한 준비가 필요하다'는 주장은 일견 그럴듯하다. 하지만 그런 기회는 완벽할 만큼 오지 않는다. 문제는 거기서 끝나지 않는다. 일을 회피한 사람들의 마음 한구석에는 찜찜한 기억이 자리 잡는다.

인간은 '해도 안 되는' 환경에 반복적으로 노출되면 자신이 할 수 있는 일들마저 포기하게 되는 경향이 높아지는데, 이를 심리학에서는 '학습된 무기력'이라고 한다. 노력하면 할 수 있는데도, "역시 난 안 돼" 하고 지레 포기하는 마음을 말한다.

심리학자 마틴 셀리그만Martin Seligman은 동물의 공포 감정을 연구하던 중 '학습된 무기력' 현상을 발견했다. 셀리그만은 개를 두 집단으로 나누어 상자에 넣고 전기 충격을 주었다. 제1 집단의 개에게는, 코로 버튼을 누르면 전기 충격을 스스로 멈출 수 있는 환경을 제공했다. 반면, 제2 집단은 코로 버튼을 눌러도 전기 충격을 피할 수 없도록 했다. 즉 도망갈 여지를 원천적으로 차단한 것.

나는 고작 한번 해봤을 뿐이다

하루 뒤 이 두 집단의 개를 다른 상자에 옮겨 놓고 전기 충격을 주었다. 이때는 상자 중앙에 있는 담을 넘으면 전기 충격을 피할 수 있게 했다. 제1 집단의 개들은 모두 담을 뛰어넘어 전기 충격을 완전히 피했지만, 제2 집단은 구석에 웅크리고 앉아 아무 노력도 하지 않은 채 그대로 받아들이고 있었다. 즉 제2 집단의 개는 이미 무기력이 학습되어 있었기 때문에 자신이 어떤 행동을 해도 그 상황을 극복할 수 없다고 믿고 자포자기한 것이다. 셀리그만이 입증한 학습된 무기력은 이후 여러 학자가 인간 대상의 실험으로 확대시켰는데, 동물과 유사한 무기력 반응을 확인할 수 있었다.

연속적 실패 경험이 이처럼 무섭다. 누구나 실패를 거듭하다 보면 두려움이 커지고, 급기야 무기력에 빠진다. 일제 식민지하에서 저항을 포기하는 민중들의 심리도 학습된 무기력이다. '해 봤는데 안 되더라'는 생각이 작동한 결과다.

경쟁이 치열한 환경에서는 무엇을 해도 안 될 것 같은 의욕 상실 상태에 빠지기 쉬워진다. 시험에 계속 떨어졌을 때, 남들과 똑같이 공부하고도 성적이 오르지 않을 때, 노력보다 능력을 의심하며 시도를 줄이는 것은 못 하는 것이 아니라 안 하는 것에 더 가깝다. 도전 과제 앞에 '할까 말까' 망설일 때마다 실패의 기억이 누적되며 심리적으로 위축되는 것이다.

높은 기대감도 학습된 무기력에 빠지기 좋은 조건이다. 열등감이 많은 사람일수록 자존심을 지키기 위해 무리한 목표를 세우는데, 이는 실패 확률을 높이고 다시 열등감을 키우는 악순환에 빠져들게 한다.

자녀 교육에서도 무리한 목표가 오히려 잠재력의 발현 가능성을 낮추기도 한다. 또래보다 충분히 영어를 잘하는데도 불구하고, 더 높은 연령과 수준을 비교하면 심리적 실패를 자주 경험하면서 결국 영어에 대한 흥미를 아예 잃어버릴 수도 있다. 결과보다 과정에 가치를 두려면 타인과의 비교인 '상대평가'를 극복해야 한다. 목표는 지나치지 않은 노력을 기울여서 해낼 수 있는 것이 좋다. 그 이유는 '성공의 경험'이 사람을 완전히 바꾸어 놓기 때문이다.

🏃 '작게' 맛보는 성취 습관

하버드대학의 테레사 아마빌레Teresa Amabile 교수는 어떤 상황에서 창의적 혁신이 나오는지 알아보기 위해, 업종이 다른 7개 기업 238명의 직원에게 다음과 같이 요구했다. "매일 일기를 써서, 그날의 감정 상태와 업무의 진전 정도를 7점 척도로 평가해 제출해 주세요." 3개월에서 길게는 1년에 걸친 기간 동안, 총 1만 2,000여 건의 일기가 접수되었다. 결과를 분석한 결과, 회사에서 창의성이 나오는 환경은 총 세 가지로 요약되었다. 첫 번째는 업무에 필요한 지원을 받는 것, 두 번째는 사내 대인 관계에서 좋은 경험을 하는 것, 마지막으로 이 둘을 뛰어넘는 가장 중요한요인은 업무에서 작은 성공을 경험하는 것이었다.

'조직 이론'의 대가 칼 와이크Karl Weick 미시간대 교수도 "작은 승리 전략"small wins strategy이라 부르는 작은 성공 경험의 중요성을 강조했다. 요지는 이렇다. '어떤 문제를 어렵게 인식할수록 인간의 무력감과 불안감은 가중된다. 결국 문제에 압도당해 아무 일도 시도하지 못하게 된다.'

목표를 수월하게 달성할 수 있게 하는 가장 좋은 방법은, 일을 잘게 쪼개 작게 시작하는 것이다. 이게 바로 '자기결정이론'에서 말하는 자율성과 유능성의 경험, 즉 '내가 해냈다'는 성취 경험을 확률적으로 높이는 방법이다. 기분이 좋으면 일이 더 잘 되듯이, 한번 해내면 조금 더 어려운 일에 도전할 수 있는 자신감이 생긴다.

그뿐만 아니다. 작은 성공에도 분명 노력의 과정이 필요하다. 사소하지만 작은 고비가 있고, 이를 넘겼기 때문에 해낼 수 있었던 것이다. 따라서 작은 도전을 지속해서 하다 보면 작은 실패를 견딜 힘이 생기고, 더불어 실패의 경험에서 교훈을 얻을 기회도 생긴다.

매일 성공을 경험하고 싶다면 계획을 하루 단위로 짜는 것이 좋다. 무언가 할 만하다고 느낄 때, 몸은 뇌보다 빨리 움직인다. 실패하지 않기 위한 완벽한 계획을 세우다 보면 정작 아무것도 하지 못한 채 시간이 지나간다. 하지만 대부분의 성공은 처음부터 완벽하지 않은 실험에서 시작된다. '한번 해 보기'는 인생을 실험실처럼 여기는 태도다. 이를 통해 반복적이고 변화 없는 삶에서 벗어나 자신만의 공식을 만들어 갈 수 있다. 그리고 '한번 하기'는 그 위험성을 낮춘 실험이다.

나는 고작 한번 해봤을 뿐이다

무엇이 사람의 마음을 움직이는가

1950년대까지 심리학계는 '정신분석'과 '행동주의'가 서로 주도권 다툼을 하고 있었다. 이 두 심리학을 거침없이 비판하며 등장한 아브라함 매슬로는 프로이트_{Sigmund Freud} 이후 가장 위대한 심리학자로 꼽힌다. 그의 시각으로 봤을 때 프로이트의 정신분석은 인간을 성적 충동과 무의식에 사로잡힌 비합리적 존재로 묘사하고 있으며, 행동주의 또한 인간을 고작 환경 자극에 반응하는 동물에 국한할 뿐이었다. 매슬로는 인간이 가진 무한한 가능성에 주목하며 인본주의 심리학을 주창했다. 그의 이론은 현대 경영학과 IT 분야에서 갈수록 더 빛을 발하고 있다. 그의 후예들은 수없이 많다. 셀리그만이 주장한 '긍정 심리학'이라는 용어도 매슬로가 처음 사용했다. 경영학자 맥그리거의 'XY이론'도 매슬로의 영향을 크게 받았다. 저커버그는 어느 인터뷰에서 페이스북의 중요한 아이디어를 대학 시절 읽은 매슬로 책에서 배웠다고 자랑스럽게 얘기하기도 했다.

🚶 동기를 유발하는 마음의 발전기

매슬로의 많은 후예 중 가장 혁혁한 공을 세운 사람은 심리학자 에드워드 데시다. 데시는 매슬로가 세운 인본주의 심리학의 토대 위에 당근과 채찍으로 대표되는 행동주의 패러다임을 뒤집으며 1970년대 심리학계에 파란을 일으켰다. 현대 '동기 이론'의 모태가 된 '자기결정이론'이다. 이론의 골자는 '사람은 태어날 때부터 스스로 선택하고 결정할 능력을 갖추고 있다'는 것. 데시는 자율성과 더불어 유능성, 관계성을 세 가지 심리적 욕구로 제시했다. 하나씩 살펴보자.

유능성은 무언가를 더 잘하고 싶어 하는 욕구다. 이 욕구가 주말에 악기를 연습하고, 새로운 것을 배우게 만드는 원동력이다. 돈이 되는 것도 아닌데 이런 행동을 하는 이유는 단지 재미있기 때문이다. 사람들은 무엇을 이전보다 잘하게 되는 과정에서 만족감을 느낀다.

나는 고작 한번 해봤을 뿐이다

관계성은 남과 어울리고 싶고, 누군가에게 도움을 주고 싶어 하는 욕구다. 위키피디아에 자신의 지식을 쏟아붓는, 경제학적으로 이해 안 가는 행동도 바로 관계 욕구에서 나온다.

에드워드 데시가 가장 강조한 자율성은 자기 삶을 주도하고 싶어 하는 욕구다. 이것은 '무엇을 하면 무엇을 주겠다'는 식의 인센티브와 정반대의 지점에 있다. 데시는 "동기를 유발하려고 보상을 이용하면 동기는 급격히 하락한다"라고 주장한다. 인간의 타고난 심리적 욕구에 배치되기 때문이다. 전통적인 회사에서는 종종 이 욕구를 억압하지만, 창의성을 중요시하는 기업일수록 자율성을 많이 보장하려고 한다. 에드워드 데시는 세 가지 욕구 중 하나 이상 갖고 있으면 내재적 동기 수준이 높아진다고 주장한다. 그렇다면 이 모든 욕구를 다 갖출 수 있을까?

와튼 스쿨의 교수인 케빈 워백Kevin Werbach은 그의 저서 《게임하듯 승리하라》For the Win에서 게임이야말로 '자기결정이론'의 교훈을 분명히 보여 주는 완벽한 사례라고 했다. 아무도 강요하는 사람이 없고(자율성), 게임에 도전해 성공하고(유능성), 나의 성취를 친구들과 공유(관계성)할 수 있기 때문이다. 어디서 많이 듣던 얘기가 아닌가? 그렇다. 게임은 바로 우리가 어릴 때 친구들과 놀던 방식과 정확하게 똑같다. 게임적 요소를 활용해 문제를 해결

하거나 사용자를 몰입시키는 과정을 '게이미피케이션 <small>Gamification</small>'
이라고 하는데, 뿌리는 '자기결정이론'에서 나왔다.

🏃 자기 선택의 힘

아이가 네 살되었을 때다. 저녁 먹을 시간인데 TV에서 하는
만화를 보겠다며 울며 바닥에 눕는다. 나는 한 가지 꾀를 냈다.
"지금 목욕할래? 밥 먹고 목욕할래?" 아이의 고민은 오래가지
않는다. "밥 먹고 목욕할래요." 밥 먹기보다 목욕하기가 더 싫은
거다. 아이는 아빠의 꾀에 낚였다. 이 선택 전략은 내가 아이에
게 자주 쓰던 수법이다. 자기 의사를 표현할 수 있게 된 유아들
은 끊임없이 "싫어!"를 외친다. 뭐든 자기가 하려 들고 엄마 아
빠의 말은 들으려고 하지 않는다. 이때 지시를 하는 것보다 선택
할 대상을 만들어 주면 다툼의 이슈가 의외로 쉽게 해결된다는
것이 발달 전문가들의 조언이다. 인간은 스스로 선택할 수 있을
때 유능감을 느끼기 때문이다.

이 원리를 적용하면, 아이를 바보로 만드는 방법은 간단하다.
옷과 가방을 골라 주고, 숙제의 순서도 정해 주고, 가까이 지낼
친구들도 정해 주는 등 선택권을 박탈하면 된다. 아이들은 선택
과정에서 빚어지는 고민을 해결하는 능력, 친구들과의 갈등을

해결하는 능력도 덤으로 잃는다.

창의성 분야의 대가인 하버드대학의 테레사 아마빌레 교수는 어린이들을 두 그룹으로 나누어 콜라주 만들기 실험을 했다. 한 그룹에게는 실험자가 재료를 나누어 주었고, 다른 그룹에게는 재료를 마음대로 고를 수 있도록 했다. 아이들이 만든 작품을 섞어 놓고 평가한 결과, 재료를 스스로 고른 아이들의 콜라주가 더 창의적인 것으로 나타났다. 선택권은 처벌과 보상보다 효과가 강력하다. 그것이 인간의 본능적 욕구이기 때문이다. 인간은 선택을 할 때 자신이 하는 일에 더 책임을 느끼고 몰입할 수 있게 된다.

심리학자 엘런 랭어Ellen Langer는 노인들을 대상으로 선택 실험을 했다. 요양원에 있는 노인 절반에게 화초를 하나씩 주고 돌보도록 안내했다. 화초에 물을 언제, 얼마나 줄 것인지, 어디에 둘지 같은 일들은 스스로 선택하도록 했다. 나머지 절반에게는 화초를 주면서 간호사가 그 화초를 돌볼 것이라고 알렸다. 3주간의 실험이 끝난 뒤, 일명 '선택 집단'이 스스로 느끼는 행복감, 요양원 내 활동성 등이 비교 집단보다 뚜렷하게 높았다. 18개월 뒤, 선택 집단은 건강이 호전되어 있었고, 비교 집단은 악화되어 있었다. 더 충격적인 결과는 사망률에도 영향을 미쳤다는 점이다. 스스로 화초를 돌본 실험 집단 중 사망한 사람은 15%인 데 비해, 비교 집단은 30%나 되었다.

세계 최고의 애니메이션 영화업체 픽사Pixar의 힘은 직원의 재량에서 나온다. 에드 캣멀Ed Catmull이 사장이었을 때 고수했던 경영의 제1 원칙도 상명하달식 의사 결정을 버리는 것이었다. 지금도 픽사의 직원들은 결정을 할 때 누구에게도 허락을 받지 않는다. 심지어 예산 문제까지 감독에게 전권이 주어진다. 제작 스태프들의 모임에 사장은 절대 참석하지 않는다. 결과물로 나온 영화가 얼마나 탁월한지만 본다. 할리우드 영화의 흥행 성공률은 약 15%, 그에 반해 픽사의 영화는 100%에 가깝다. 〈토이 스토리〉Toy Story, 〈니모를 찾아서〉Finding Nemo 등 애니메이션 14편으로 전 세계에서 약 10조 원을 빨아들였다. 기적의 비결은 선택권, 바로 에드워드 데시가 '자기결정이론'의 제1 원칙으로 강조한 '자율성'이다.

나를 찾는 작은 실험

진로에 관해 이야기하는 사람들은 흔히 꿈에 접근하는 방법을 다음과 같이 제시한다. 첫째, 자기 인식, 즉 자신의 강점과 약점을 파악 혹은 좋아하는 것과 싫어하는 것을 구별한다. 둘째, 더 잘할 수 있고 좋아하는 일을 하기 위한 마인드를 세팅한다. 셋째, 실행하기, 즉 꾸준하게 노력한다. 논리적인 접근이다. 하지만 쉽게 받아들여지지 않는다. 이 과정이 쉽지 않기 때문이다. 실행을 위한 전제가 오히려 더 어려운 아이러니에 부딪힌다. 나이 오십이 넘어서도 자기를 잘 모르겠다는 사람이 주위에는 많다.

나는 다큐멘터리 〈언어발달의 수수께끼〉를 제작할 때, 성격에 관한 실험을 진행한 적이 있다. '사람들은 자신의 성격에 대해 얼마나 알고 있을까?' 학교 운동장에서 만난 고등학생들에게 물어봤다.

"본인의 성격이 외향적인가요?"

"네, 외향적이에요."

"평소 운동도 좋아하고 외향적이라고 생각해요."

다시 한번 물어 봤다. "외향적인 성격이라고 확신해요?"

"그렇게 물어보면 딱 말하기 힘들어요. 항상 달라서요."

"가끔은 내향적일 때도 있는 것 같아요."

한 학급의 학생 35명에게 50개의 문항으로 된 문제지를 나눠 줬다. 성격과 관련된 다양한 질문으로 구성됐고, 그 안에 "외향적인 성격입니까?"라는 한 문항을 끼워 넣었다. '아니다'는 0점, '그렇다'는 7점으로 기준을 제시했고, 학생들은 자신의 외향성 정도를 0~7 사이의 점수로 답했다. 테스트 결과 아이들의 외향성은 중간을 약간 웃도는 3.8 점이었다. 어느 정도 외향적이라고 볼 수 있는 수치였다. 일주일 후 다시 학생들을 찾았다. 이번에는 "내성적인 성격입니까?"로 질문 내용을 바꿔 보았다. 결과는 반전을 가져왔다. 아이들의 내성적 성향이 지난번 외향적 성향 3.8점보다 높은 4.2점을 기록한 것이다. 이 정도면 내성적 성향이 다소 강한 편으로 보아도 무방했다. 사람이 바뀌는 않았다. 두 차례의 실험은 단지 질문만 바꾼 것이었다.

이 실험은 '언어 프레임의 영향'을 보기 위해 고안된 것이었다. 여기서 부수적으로 알게 된 결론은 사람들은 자신의 성격을 안다고 말하지만, 그 믿음이 부정확하다는 사실이다. '자기 인식'이 그만큼 어렵다.

🪑 표현함으로써 알 수 있다

자기 인식이 없으면 자유를 누릴 수 없다. 소설 《리스본행 야간열차》의 저자이기도 한 철학자 페터 비에리 Peter Bieri는 저서 《자기 결정》에서 행복하고 존엄한 삶은 자신이 결정하는 삶이라고 역설했다. 자기 결정의 전 단계가 자기 인식이다. 나 자신이 어떤 존재인지, 무엇을 중요하게 여기고 어떤 방식으로 살아가고 싶은지를 명확히 아는 사람만이, 타인의 기대나 세상의 기준에 휘둘리지 않고 스스로 삶의 방향을 선택할 수 있다.

그런데 문제는 자기 인식이 절대 쉽지 않다는 데 있다. 우리는 대부분 마음속 생각이나 감정을 오롯이 알고 있다고 믿지만, 실상은 그 반대일 수 있다. 나를 자유롭고 정의로운 사람이라고 여겼지만, 어떤 계기를 통해 이기적이고 폐쇄적인 모습에 스스로 놀라게 되는 순간이 오기도 한다. 눈을 감고 정신을 한데 모으기만 해서는 얻어지는 것이 없다. 자물쇠를 채운 내면의 세계 안에서 자기 인식을 찾으려 한다면 그것은 오류다.

스위스 작가 막스 프리슈Max Frisch는 "글을 쓰지 않는 사람은 자신이 어떤 사람이 아닌지조차 알지 못한다"라고 했다. 이는 자신이 누구인지 표현하지 않는 사람은 자신을 알 기회를 놓친다는 뜻이다. 자기 인식은 폐쇄된 내면이 아니라 외부 세계로 향하는 길에서, 내가 세상에 보여 주는 흔적을 통해서 가능하다.

표현이 자기 인식의 열쇠라면, 그 열쇠를 작동하게 하는 첫 행동은 아주 작고 사소한 것에서 출발한다. 내가 강조하는 '한번 하기'가 바로 그것이다. 말 그대로 한번 글로 써 보고, 한번 들어 보고, 한번 시도해 보는 것이다. 이 작은 행동은 아직 분명하지 않은 '나'의 형태를 바깥으로 드러내게 만든다. 그 결과물과 상호작용을 하면서 '아 내가 이런 사람이기도 하구나!' 하고 알게 되기도 한다. 한번 해 보는 것의 힘은 여기에 있다. 완벽을 추구하며 시작을 미루기보다는, 불완전하더라도 표현해 보는 것. 우리는 한 번 해 볼 때마다 조금 더 나를 알게 되고, 조금 더 자유로워진다.

동기는 생각보다 늦고,
행동은 생각보다 빠르다

"모든 일은 마음에 달렸다."

이 말을 의심하는 사람은 별로 없다. 긍정적인 마인드, '나는 할 수 있다'는 자기암시, 이미 목표를 이룬 것처럼 상상하라는 조언도 넘친다. 실제로 자기 최면에 가까운 '기분 좋게 하기' 전략은 실행력을 높이는 데 어느 정도 효과가 있다.

하버드대학 심리학과 엘런 랭어 교수가 고안한 '객실 청소원 실험'은 마음가짐의 변화가 행동을 어느 정도 바꿀 수 있는지 잘 보여 준다. 연구진은 호텔 객실 청소원들에게 '규칙적으로 운동을 하느냐'고 물었고 대부분 '운동을 안 한다'고 대답했다.

그들은 이미 충분한 신체 활동을 하고 있었지만, 그것이 운동이라고 생각하지는 않았다. 연구진은 청소원들에게 지금 하는 일을 운동이라고 여기고, 마치 헬스클럽에서 운동하는 것처럼 생각하라고 했다. 예컨대 침대보를 씌우고 침구를 정리하는 일이 헬스클럽에서 기구를 써서 근력 운동을 하는 것과 같다는 식으로 말이다. 4주 후 이들의 신체 지수를 체크해 봤더니 의미 있는 결과가 나왔다. 체중에서 허리와 엉덩이의 비율, 체질량 지수, 혈압이 모두 줄었다. 마음의 변화가 작용한 결과였다. 자기가 평소에 하는 일이 운동이라고 여기자, 실제로 운동한 것과 같은 효과가 나타났다.

1970년대 인지과학 혁명이 시작된 이후, 심리학자들은 마음의 힘에 주목했고 여러 성과를 냈다. 우리가 살을 빼기 위해서, 금연을 위해서, 현재의 고통을 이겨 내기 위해서 사례와 연구 결과들을 머릿속에 생생하게 그려 넣는 작업도 바로 마음의 힘을 믿기 때문이다. 마음의 힘은 강력하다. 하지만 치명적인 약점이라면 그것만으로 지속성이 취약하다는 점이다. 자극이 유지되지 않으면 쉽게 식는다. 어떤 의지도, 각오도, 때로는 새해 다짐마저도 길게 가지 못한 이유다. 시간이 지나면 의지는 흐려지고 일상의 관성에 밀려 원래대로 돌아간다. 그리고 우리는 다시 말한다. "어떻게 하면 작심삼일에서 벗어날까?"

나는 고작 한번 해봤을 뿐이다

🪑 동기는 몸에서 촉발된다

스페인 카탈루냐 외딴곳에 위치한 작은 레스토랑이 문을 닫았을 때, 세계 주요 언론이 이 소식을 다뤘다. 엘 불리El Bulli라 불리는 레스토랑은 유명한 맛집 그 이상의 존재였다. 세계적인 권위를 가진 미슐랭 가이드로부터 14년간이나 최고 등급을 받았고, 영국 잡지 〈레스토랑〉Restaurant에 최고의 식당으로 다섯 번이나 이름을 올렸다. 엘 불리를 세계 최고로 만든 비결은 특별한 요리법에 있었다. 거품으로 음식을 만드는가 하면, 입에 들어가는 순간 고체가 액체로 변하기도 하고, 뜨거움과 차가운 느낌을 동시에 전달하는 등 상상 이상의 경험을 제공한다. 이를 '분자 요리'라고 한다. 음식 재료를 분자 단위까지 쪼개서 연구해 만든 요리로, 예술을 넘어 마술 같은 요리라는 찬사까지 받았다. "낭만이 없으면 창조도 불가능하다"라는 말로 잠정 휴업을 선언한 식당 주인은 역사상 가장 창조적인 요리사로 꼽히는 페란 아드리아Ferran Adrià다.

페란 아드리아는 요리와 전혀 상관 없는 삶을 살았다. 고등학교도 자퇴했고, 요리에 대해서는 아무것도 몰랐다. 단지 유흥비를 벌기 위해 식당에서 설거지를 한 것이 첫 인연. 그곳에서 어느 프랑스 요리사가 쓴 요리 가이드 책을 보고 깊은 인상을 받는다. 그 일이 그를 곧장 요리사로 만들진 않았다. 하지만 그 흔들림은 군대에서 취사병으로 이어졌고, 실제로 음식을 만들며 '이 일이 재미있다'는 감각이 몸에서부터 올라오기 시작했다. 중요한 건 이 지점이다. 요리에 대한 확신은 책을 읽은 순간이 아니라, 실제로 요리를 '해 본 뒤'에야 생겼다는 점이다. 머리에서 불이 붙은 게 아니라, 몸으로 먼저 느끼고 경험한 뒤 마음이 따라왔다. 진짜 동기는 행동 이후에 비로소 선명해진다. 훗날 그는 군대에서 요리에 대한 최초의 애정이 싹텄다고 말했다.

1983년 제대와 동시에, 휴가 중에 잠깐 일을 도왔던 레스토랑에 취업한다. 바로 운명의 레스토랑 엘 불리였다. 그곳에서 음식에 대한 개념을 바꾸며 혁명과도 같은 변화를 주도하게 된다. 엘 불리가 휴업을 선언했을 때, 《뉴욕타임스》The New York Times는 "페란 아드리아 없는 스페인 요리업계는 태양 없는 태양계"라고 평가할 정도였다. 페란 아드리아는 인간의 동기부여와 관련해서 한 가지 분명한 메시지를 주고 있다. 동기는 머리에서 출발하지 않는다. 일단 몸이 먼저 반응해야 비로소 '나 이거 좋아하는 것 같아', '더 해 보고 싶다'는 마음이 붙는다. 마음은 행동으로 비로소 살아난다.

따라서 내가 그 일을 좋아하는지 아닌지를 확인하는 가장 좋은 방법은, 그냥 몸을 움직여 보는 것이다. 처음부터 꿈이나 사명이 있어야 하는 건 아니다. 오히려 대부분의 동기는 아주 사소한 일에서 비롯된다. 설거지를 하던 중 우연히 펼쳐 본 요리책 한 권. 잠깐 들렀던 작은 가게에서의 새로운 경험. 그렇게 시작한 '한 번'이 점이 되고, 선이 되고, 길이 된다. 사람들이 가장 많이 실패하는 지점은 시작하기 전, 머뭇거리고 있을 때다. 많은 일들이 생각은 길게 하지만, 첫 발을 떼지 못해 무산된다. '한번 해 보기'는 이 망설임의 벽을 넘는 유일한 방법이다. 무엇이든 시작하는 순간, 그 일은 생각의 대상이 아니라 경험의 일부가 된다. 첫 단추를 꿰는 것만으로도 변화는 시작된다.

시작이 어렵다면 '그들처럼'

새로운 기획을 발전시킬 때 습관이 있다. 언제나 한 장짜리 기획안을 만든다. 반드시 한 장이어야 한다. 그래야 불필요한 요소를 제거할 수 있다. 이 방법은 역할 모델인 선배 H에게 배운 것이다. 내가 질문을 할 때면 H는 언제나 '원 씽one thing'이 무엇이냐고 되물었다. 누가 물어봐도 한 문장으로 대답할 수 있어야 하고, 종이는 한 장을 넘길 필요가 없다. 나는 한동안 그의 스타일을 따라 했다. 다큐멘터리 제작 기법부터 기획안을 쓰는 방법까지. 그리고 언젠가부터 나만의 방식을 찾을 수 있었다. '그래 나도 뭔가 실천하는 인간이 되자'고 결심하고 나서도, 무엇을 어떻게 해야 할지 모른다면 특정 인물의 행동을 따라 하는 것도 좋은 방법이다. 아이가 부모의 말과 행동을 따라 하며 배우듯, 모델을 모방하려는 심리는 인간의 본능이다. 특히 청소년기에 강하게 나타나는데, 존경하는 사람의 성취 결과뿐만 아니라 태도 역시 행동에 큰 영향을 미친다. '그들도 해냈으니, 나도 할 수 있다'는 강력한 동기를 제공해 준다. 무엇보다 역할 모델의 강점은 실천이 쉽고, 빠르다는 점이다.

《아웃라이어》Outliers, 《티핑 포인트》The Tipping Point 등으로 잘 알려진 세계적 베스트셀러 작가 맬컴 글래드웰Malcolm Gladwell의 역할 모델은 책을 쓴 경험이 있는 어머니였다. 그런 어머니를 보며 '나도 책을 내고 싶다'는 생각이 들었고, 그것은 기자에서 작가로 전환할 수 있는 큰 힘이 되었다. 구글의 창립자들도 모두 역할 모델이 있었다. 세르게이 브린Sergey Brin에게는 노벨 물리학상을 받은 과학자 리처드 파인만Richard Feynman이 우상이었다. 래리 페이지Larry Page는 열두 살 때 니콜라 테슬라Nikola Tesla 위인전을 읽고 세상을 바꿀 혁신적인 발명가를 꿈꾸었다. 소프트뱅크 손정의 회장은 기회가 있을 때마다 메이지 유신을 설계한 무사 겸 정치가 사카모토 료마를 자신의 역할 모델이라고 했다. 그래서인지 몰라도 손정의의 삶은 료마와 무척이나 닮았다. 특히 타인의 평가에 연연하지 않고, 실행을 중시하는 덕목은 손정의의 뚜렷한 강점이다. 이를 보면 역할 모델이 한 사람의 태도 형성에 얼마나 큰 영향을 끼치는지 간접적으로 알 수 있다.

🧑 거인의 어깨 위에 서라

창의력 하면 먼저 떠오르는 예술가들에게도 따라 하기는 중요한 키워드다. 네덜란드의 인상파 화가 빈센트 반 고흐Vincent Willem van Gogh는 자신의 재능을 알아차릴 때까지 많은 직업을 전전했다. 열여섯 살 때 학교를 그만두고 무엇을 해야 할지 몰라 삼촌이 운영하는 화랑에 취직했다. 그러면서 그림을 팔아 돈을 벌고자 했다. 하지만 근무 태도 불량으로 화랑에서 해고됐다. 나중에는 아버지처럼 목사가 되려 했으나 격정적인 성격 때문에 실패하고, 스스로 구원받고자 화가가 되기로 한다. 그림을 본격적으로 그리기 시작한 때는 1881년, 그의 나이 스물여덟 살 때다. 서른일곱 살에 생을 마감했으니 그가 그림을 그린 시간은 불과 9년. 그 기간 879점의 그림을 남겼다. 1년에 평균 100점에 가까운 그림을 그릴 정도로 열정을 쏟아부었다. 늦게 그림을 시작한 고흐가 처음에 주력한 일은 남의 그림 베끼기였다. 특히 밀레Jean-François Millet는 고흐의 우상이었다. 1875년 프랑스의 사실주의 화가 밀레가 세상을 떠난 후, 파리에 머물던 고흐는 그의 작품을 접하고 감동을 받았다. 그는 밀레의 작품들을 흉내 내면서 정밀 묘사를 연습했고, 그림에 대한 기본기를 익혔다. 밀레의 1850년 작 〈씨 뿌리는 사람〉은 고흐가 10번도 넘게 베낀 작품이다. 그렇게 모방의 과정을 거쳐 탄생한 작품이 1885년의 〈감자 먹는 사람들〉이다.

그러나 고흐가 영원히 밀레의 그늘에 머무른 것은 아니다. 그의 작품은 사후에 제대로 평가받으며 세기의 화가로 자리매김했다. 〈별이 빛나는 밤에〉, 〈침실〉, 〈해바라기〉, 〈아를 인근의 꽃밭〉 등 미술사에서 고흐는 중요한 부분을 차지하는 예술가 중한 명이다. 현대 미술사의 거장 피카소의 삶에도 고흐의 정신이 배어 있다. 그는 17세기 사실주의를 대표하는 스페인 화가 벨라스케스Diego Velázquez를 닮으려고 부단히 노력했다. 고흐가 밀레를 보며 그랬듯이, 매일 미술관에 들러 종일 벨라스케스의 그림을 따라 그리던 시절도 있었다. 특히 〈시녀들〉은 무려 58점이나 리메이크해서, 마침내 자신만의 스타일로 승화시켰다. 오랜 시간에 걸친 모방 훈련이 위대한 화가를 만든 셈이다. 그는 훗날 "좋은 예술가는 그대로 복사하지만 위대한 예술가는 도용한다"라는 말로 창조적 모방의 중요성을 역설했다.

예술사에서 모방의 사례는 흔하다. 〈생각하는 사람〉으로 유명한 근대 조각의 아버지 로댕Auguste Rodin을 세상에 알린 작품은 1878년 작 〈청동시대〉로 미켈란젤로Buonarroti Michelangelo의 작품에서 영감을 받았다. 모방의 모티브가 된 간접적인 영향을 더하면 거의 예외가 없을 정도다. 피카소가 아프리카 예술에 관심을 가지지 않았다면 〈아비뇽의 처녀들〉은 세상에 나오지 못했을 것이다. 전 세계 사람들이 가장 사랑하는 화가 고흐의 밝은 색채와 대담한 구성 방식은 일본 화풍에서 영향을 받은 것이다. 20세기 최고의 사실주의 화가로 평가받는 에드워드 호퍼Edward Hopper는 작품의 영감을 대부분 자신이 사랑한 영화에서 얻었다.

　하늘 아래 새로운 것은 없다. 창조의 밑바탕은 모방이다. 아이작 뉴턴Isaac Newton은 스스로 세상을 멀리 볼 수 있었던 것은 거인의 어깨에 서 있을 수 있었기 때문이라고 말했다. 그가 말한 거인은 데카르트René Descartes와 갈릴레이Galileo Galilei 같은 위대한 선구자들을 말한다. 세상을 뒤흔드는 창조물도 완전 새로운 것이 아니라는 의미다. 먼저 경험한 사람들, 먼저 나온 발명품에서 배우고, 자기만의 방식으로 '연결'할 때 비로소 창조의 씨앗이 움튼다. 아이가 어른을 흉내 내듯 배움의 시작은 모방이다. 따라 할 대상을 못 찾았다면 어릴 때 읽던 위인전이라도 다시 펼쳐 보자. 기회는 행동하는 사람의 몫이다.

우리는 왜 이 일을 하는가

내가 가장 사랑하는 클래식인 차이콥스키의 〈피아노 협주곡 1번〉은 유튜브의 바다에서 서핑하다 우연히 발견했다. 마치 '거친 파도를 피아노 한 대가 정리해 버리는 듯한' 느낌이랄까. 감동이 쉽게 사그라지지 않았다. 게다가 '모차르트Wolfgang Amadeus Mozart가 살아 있다면 저런 모습이지 않을까?' 싶을 정도로 몰입하고 있는 러시아 출신의 피아니스트 예브게니 키신Evgeny Kissin에 반해, 그 영상을 틈이 날 때마다 보고 들었다.

태어나 처음으로 고전 음악의 위대함을 깨달으며, 관심은 클래식 연주의 대명사 모차르트로 튀었다. 하도 많이 듣다 보니 모차르트 풍이 무엇인지도 느끼게 되었다. 그러다 모차르트의 평전을 읽게 됐는데, 그 당시 모차르트가 베토벤을 만나 공개적으로 칭찬했다는 사실을 알고 묘한 흥미가 생겼다. 이번에는 베토벤의 음악을 듣고 평전을 읽었다. 어느새 슈베르트Franz Peter Schubert, 멘델스존Moses Mendelssohn으로 관심이 확장되며 점차 클래식에 빠져 가고 있는 나를 발견했다. '아, 공부를 이렇게 했으면 얼마나 좋았을까?' 실로 오랜만에 교양의 세계에 몰입했다.

우리는 살면서 '하고 싶어서' 했던 행동이 있고, '해야 해서' 했던 행동이 있다. 동기의 두 얼굴이다. 동기motivation의 어원은 '움직이게 돕는다'는 의미의 라틴어 모티부스motivus에서 왔다. 사전적인 의미로 말하면 동기는 '행동을 일으키게 하는 심적 요인'을 뜻한다. 흔히 무슨 일을 하려면 마음이 먼저 서야 한다고 조언하는 것은 바로 이 '동기'를 두고 하는 말이다. 동기는 다시 내재적 동기(음악 몇 곡을 듣다 클래식에 빠져들다)와 외재적 동기(시험을 위해 클래식을 공부하다)로 나뉜다. 내재적 동기는 친한 친구들과 놀기, 좋아하는 책 읽기, 비디오 게임 하기처럼 누가 시키지 않아도 끌리는 심리적 상태를 말한다. 반면 외재적 동기는 살을 빼기 위해 헬스클럽에 다니거나 승진을 위해 시험공부 하는 것처럼 목표를 위해 인내하는 상태를 말한다. 물론 두 가지는 경계를 넘나들기도 한다. 월급이라는 외재적 동기로 시작됐지만 일을 하면서 점차 빠져드는 경우가 있고, 좋아하는 일이 시간의 압박을 받아 할 수 없이 하게 되는 일도 있다.

20세기의 주류 심리학자들은 인간의 본성을 동물과 크게 다르지 않다고 보았다. 파블로프Ivan Petrovich Pavlov나 스키너B. F. Skinner 같은 학자들의 '보상과 처벌'에 관한 행동주의 이론이 대표적이다. 이들은 외재적 동기야말로 사람들의 특정 행동을 장려할 수 있는 가장 효과적인 수단이라고 강조했다. 우리는 이것이 무엇인지 직관적으로 떠올릴 수 있다. '당근과 채찍'은 현실에서 여전히 막강한 힘을 행사하고 있다. 공부를 못하면 벌을 주고, 일을 못하면 해고하고, 반대로 공부를 잘하면 상을 주고, 일을 잘하면 월급을 많이 주는 것이 바로 그것이다. 특히 '보상'에 대해서는 거의 의심의 여지가 없을 정도로 많은 관리자로부터 강력한 지지를 받는다.

🏃 목표 달성과 보상 심리의 진실

그렇다면 실제로 '보상'은 일하는 데 있어서 얼마만큼의 효과를 낼 수 있을까. 나는 다큐멘터리 〈퍼펙트 베이비〉를 제작하면서, 샘 글럭스버그Sam Glucksberg 교수가 1962년에 실시한 '보상 효과에 대한 실험'을 재연해 보기로 했다. 대학생들은 칸막이가 쳐진 테이블에 앉아 있다. 이들에게 양초와 성냥 그리고 상자 안에 담긴 압정을 나누어 주었다. "촛농이 탁자 위에 떨어지지 않게 양초를 벽에 고정해 보세요." 어떻게 하면 이 도구들을 가지고 문제를 더 빨리 해결할 수 있을까?

스무 명의 학생들을 두 그룹으로 나누었다. 한쪽 그룹에게는 문제를 빨리 풀어 상위 30퍼센트 안에 들면 선물을 주기로 약속했다. 이는 '보상 그룹'이다. 또 다른 학생들에게는 문제를 해결하는 데 평균적으로 시간이 얼마나 걸리는지 알아보기 위한 것이라고만 설명했다. 이는 '자율 그룹'이다. 실험의 공정성을 위해 사전에 간단한 지능 검사를 거쳐 수준이 비슷하도록 그룹을 나눴다. 과연 '선물이라는 보상'은 문제를 해결하는 데 어느 정도의 위력을 발휘할 수 있을까. 제한 시간은 10분으로 설정했다.

간단해 보여도 창의력이 없으면 풀기 힘든 문제다. 5분이 지나자 답을 찾아낸 사람이 나오기 시작했다. 압정이 담긴 상자를 양초의 받침대로 삼은 뒤 압정으로 받침대를 벽에 고정하는 것이 해법이었다. 그렇다면 과연 어떤 그룹의 학생들이 문제를 더 빨리 풀었을까. 결과는 예상 밖이었다. 보상을 약속받은 그룹이 오히려 평균적으로 2분 30초나 더 늦게 문제를 해결했다. 다소 이해하기 힘든 이 결과를 어떻게 받아들여야 할까.

글럭스버그 교수가 이 실험을 한 이유는 당시 미국에 만연했던 인센티브 제도가 '언제나 성과에 도움이 될 것인가'에 대한 의문을 품고 있었기 때문이다. 실험과 관련하여 클라크대학 웬디 그롤닉Wendy Grolnick 교수의 해석을 들어보자. "이것은 우리가 보상 때문에 일을 하면 보상에만 초점이 쏠려 시야가 좁아지기 때문에 생기는 현상입니다." 그롤닉 교수의 말에 따르면 보상에 주의를 집중하는 순간 창의성이 방해를 받는다. 반면, 스스로 원해서 흥미를 느끼고 일을 하게 되면 인간의 주의력은 사방에 열리고, 그 열려 있는 공간 사이로 창의성이 들어오게 된다는 것이다.

두 번째 실험을 진행했다. 모든 절차와 방법은 그대로인 채, 이번에는 압정을 상자 밖으로 빼놓았다. 그러자 정반대의 결과가 나왔다. 아무 보상이 없던 그룹이 평균 1분 20초가량 문제를 늦게 해결했다. 보상 그룹이 더 빨리 해결한 것이다. 압정이 상자 안에 있는 것과 바깥에 있는 것 사이에는 어떤 차이가 있는 걸까. 실험에 참여한 학생들에게 어떤 문제가 더 쉬웠는지 물었다. 그러자 모두 압정이 상자 밖에 놓여 있던 문제라고 답했다. 난이도 차이가 어느 정도 난다고 생각하느냐고 묻자, "초등학생과 대학생 정도의 수준 차이가 난다"라고 말했다. 학생들의 말처럼 압정이 상자에서 분리되면 문제는 아주 쉬워진다. 상자가 압정과 별개의 도구로 사용될 수 있다는 생각이 들어 문제가 훨씬 단순해지는 것이다. 반면 압정이 상자 안에 있으면 상자를 단지 압정을 담아 놓는 용도로만 생각이 제한되기 마련이다.

　실험 결과를 정리하면 보상을 약속받은 그룹은 어려운 문제에서는 경쟁에서 패했고, 쉬운 문제에서 이겼다. 실험의 메시지는 명확하다. 단순한 업무에 인센티브를 주면 사람들은 훨씬 집중하면서 효율적으로 일을 한다. 하지만 창의적인 문제를 푸는 상황에 직면하면 오히려 금전적인 인센티브는 부정적으로 작용한다. 좁아진 시야가 창의적 사고를 방해하는 것이다. 글럭스버그 교수는 논문에서 당근과 채찍과 같은 '외재적 동기'에 영향을 많이 받으면 자신이 진정 원하는 것을 놓치게 된다고 강조했다. 이것이 보상의 양면성이다. 취업 준비생의 처지에서 볼 때, 월급과 복리후생 같은 외재적 동기부여 요소는 중요하다. 하지만 내재적인 동기부여 요소, 즉 흥미와 열정을 결코 뛰어넘을 수 없다는 것은 분명하다. 업무가 점차 자동화되는 시대, 창의적 역량이 그 어느 때보다 중요한 시대에는 더더욱 그렇다.

나는 고작 한번 해봤을 뿐이다

PART 3

나는 고작 한 번 만났을 뿐이다

작은 용기를 내는 힘

밥은 곧 '기회'다

　회사 게시판에 강연 공지가 떴다. 갈까 말까 하다가 가기로 결정. 강사가 지인이었기 때문이었다. 그날 강의를 했던 W는 무려 6년 만에 봤다. 강연이 끝난 뒤, 이것저것 궁금한 게 많았는데, 딱히 할 일이 없었다. 나는 밥이나 먹자 했고 이야기는 자연스럽게 W가 에디터로 일하는 언론사로 옮겨 갔다. 질문은 주로 내가 끌고 갔지만, W도 틈틈이 실용적인 질문을 던졌다. "블로거로 활동해 보는 게 어때요?" 질문보단 권유에 가까웠다. 몇 차례 완곡히 거절하다 결국에는 흐릿하게 약속을 하고 말았다. 글을 쓸 생각이 전혀 없던 것은 아니었다. 차일피일 미루고 있었을 뿐, 메모장에 뭔가를 끼적거리던 게 어느덧 1년이 다 되어 가던 무렵이다. 쓰면서 머릿속의 생각을 정리해 나갈 수 있었던 것은 아이러니다. 생각을 정리하고 쓴 게 아니라 오히려 쓰면서 생각을 정리한 거니까. 예상보다는 첫 글에 대한 반응이 높았다. 이 책은 바로 여기서 시작되었다.

🤝 밥은 힘이 세다

밥 먹다가 우연한 기회를 만든 사람들은 많다. 값을 매길 수 없는 통찰, 비약적으로 발전하는 친구 관계, 크고 작은 배움이 종종 밥 먹다가 일어난다. 사람들은 기회가 생긴 이유를 밥이 아닌 만난 사람에게서 찾기 때문에 밥의 힘을 잘 못 느낀다. 그러나 매개는 밥이다. 생각해 보자. 누구랑 대화를 하든 밥 먹는 자리가 아니라면 어디서 한 시간 동안 편안하게 얘기를 할 수 있는가. 물론 차를 마실 수도 있다. 같이 걸을 수도 있다. 그러나 단연 압권은 역시 밥이다. 가장 큰 이유는 만만하다는 점. 밥 먹자는 제안은 차를 한잔하자고 할 때보다 덜 부담스럽다. '차 한 잔 하자'고 하면 어떤 목적성이 엿보이지만, 밥에서는 그게 잘 안 보인다. 문화적으로 볼 때 밥 먹는 자리는 특별한 이야기가 아니어도 괜찮다는 상호 양해가 전제되어 있다.

밥상이 있으면 대화가 훨씬 편해진다. 차를 마시는 카페에 비해 적당히 시끄럽고, 할 일도 적당히 있다. 주문 전에 물을 따르고 냅킨을 펼치고 숟가락을 놓고 메뉴판을 보는 장면을 떠올려 보라. 식사를 둘러싼 일련의 과정은 잡담을 위한 최적의 상태로 진입한다. 잡담은 사실상 놀이 행위다. 참여하는 사람들은 누구의 강요도 받지 않는다. 목표보다 과정 중심적이며 그 자체로도 즐겁다. 밥 먹다가 새로운 아이디어가 나오고, 아무렇지도 않게 흘러갈 법한 한마디에 꽂히는 게 괜히 그런 게 아니다. 뇌가 충분히 이완된 상태는 창의력의 밭이나 다름없다.

커뮤니케이션을 가르치는 메이지대학 사이토 다카시 교수는 모든 인간관계는 잡담에서 시작된다고 말한다. 사람의 인간성과 사회성이 응축되어 있을 뿐만 아니라, 상대와의 거리를 좁혀주는 능력도 바로 잡담에서 시작된다고 강조한다. 점심시간 상사와 엘리베이터를 같이 탄 순간, 고객과 테이블을 사이에 두고 첫 미팅을 하는 순간. 잡담 한두 마디로 어색한 분위기를 정리할 수 있다면 관계는 물론이고 일 역시 술술 풀리기 마련이다. 따라서 잡담 능력을 높일 수 있는 식사 자리는, 사실상 커뮤니케이션 수업을 받는 강의실이나 마찬가지다.

밥은 만남이다

살면서 가장 많이 주고받는 말 중 하나가 '언제 밥 한번 먹자'

가 아닐까? 성인이 되어 이 말을 안 해 본 사람이 있을까 싶을 정도다. 대부분 빈말이란 걸 알기 때문에 별 기대도 하지 않는다. 그런데 밥 먹는 게 인간관계를 쌓을 수 있는 절호의 기회라면 그렇게 쉽게 지나칠 수 있을까. 누군가를 만나는 핑계에 밥만큼 좋은 것이 없다. 다시 말해 함께 밥을 많이 먹을수록 많은 사람을 만날 수 있다.

"다음 주에 시간 돼?" 언젠가 연배가 한참 위인 L선배가 지나가는 말로 물었다. "네, 그럼요!" 아주 가깝지는 않은 선배의 급작스러운 제안에 내가 할 수 있는 최선의 말이었다. 근사한 카페에서 스파게티를 먹었다. 선배가 밥을 사겠다고 하는 목적은 딱히 없었다. 근황을 묻고 가벼운 일상의 얘기를 한 게 전부였다. 시작은 다소 어색했지만, 잡담의 힘은 한 시간 만에 확인되었다. "오십이 넘으니까 말이야, 때론 받는 것도 배려라는 생각이 들더라고. 그전에는 주는 것만 배려라고 생각했지." 선배는 내가 체험하지 못한 소중한 교훈을 전혀 힘주지 않고 건네고 있었다. 머리털이 곤두서는 경험이었다. 일상적으로 인사하던 선배는 그 이상의 존재가 되었다. 밥 덕분이다.

✨ '언제'를 오늘로 앞당기는 법

흐러가는 말이 아닌, 밥을 진짜 먹기 위해서는 구체적인 약속을 잡아야 한다. 계획은 액션이 전제되어야 완성된다. 밥 한번 먹자는 말 앞에 '다음 주에'라는 말을 붙여 보자. 이렇게 되면 그 약속은 꼭 해야 하는 일이 된다. 혹은 밥 한번 먹자는 말 다음에 '내가 살게'를 붙여 보면 어떨까. 효과는 더 강력하다. 제안하는 주체가 후배라면 이건 100퍼센트다. 상대방은 그 순간 일정 체크를 하고 있을 것이다. 그래서 진짜 강력한 액션 플랜은 밥을 먹는 게 아니라 밥을 사는 것이다.

다양한 사람들과 밥을 자주 먹는 사람들에게는 뚜렷한 특징이 있다. 그들은 자기가 먼저 제안한다. 얼핏 단순한 것 같지만 경험이 없는 사람들에겐 생각보다 만만치 않다. 별로 친하지 않은 사람에게 '밥 먹자'고 하는 데에도 최소한의 '용기와 기술'이 필요하다. 경제적인 이유는 논외로 치자. 길 가다 낯선 사람에게 길을 물어보는 것도 처음에는 어렵다. 안 해 보면 더 어렵다. 그래서 '한 번'이 중요하다. 한 번 하면 두 번 할 수 있고, 차츰 정신적 수고 없이 툭툭 던질 수 있게 된다. 이와 관련해《어떻게 원하는 것을 얻는가》Getting More의 저자이자 와튼 스쿨 최고의 강의로 정평이 나 있는 스튜어트 다이아몬드Stuart Diamond 교수의 아이디어를 참조해 볼 만하다.

그는 학기 첫 강의에서 언제나 같은 과제를 내 주는데, 매장에서 '무조건' 할인 혜택을 받으라고 한다. 구매 아이템은 상관없다. 중요한 것은 '스스로 원하는 걸 얻으려고 뭔가를 시도'하는 데 있다. 학생들은 과제를 수행하면서 적절한 방법을 터득해 간다. 그러면서 어떤 거래든 얼마든지 협상할 수 있다는 사실을 깨닫게 된다.

모든 일이 한 번에 성공하리라는 보장은 없다. 그러나 '성장이 곧 성공'이라는 말에 동의한다면 얘기가 달라진다. 노력하는 과정 자체가 이미 성공이고, 무엇이든 많이 할수록 더 잘하게 되고 재미를 느끼는 건 이론의 여지가 없다. 누군가와 밥 한번 먹는 것도 마찬가지다. 하다 보면 어색함은 차츰 익숙함으로 변해 간다. 그리고 기대하지 않았던 기회가 생긴다. 그렇게 친하지 않은, 그렇다고 멀지도 않은 누군가와 함께 밥을 먹어 보자. 그 순간부터 놀라운 일이 생긴다. 비록 눈치조차 채지 못할 정도로 작더라도 변화는 시작된다. 가령, 당신은 어색함을 돌파하기 위해 무엇이라도 시도하게 된다. 그로부터 무엇이라도 듣게 되고, 뭐라도 얘기를 하게 된다. 그리고 나선? 밥의 힘을 확인하면 된다.

거절하지 못할 부탁을 하는 법

어느 날, 낯선 이로부터 SNS 친구 신청이 들어왔다. 지금부터 그를 J라고 하자. '다음 날' J로부터 메일에 가까운 장문의 메시지를 받았다. 그의 프라이버시를 고려해 다소 각색했다.

안녕하세요?

저는 문화 관련 일을 하는 J입니다. 책이 사라져 가는 시대에 문제의식을 가지고 종이책을 살리기 위한 운동을 시작하려고 합니다.

(이하 낮은 독서율에 대한 근거들 열거)

저는 이 운동이 마치 장난처럼 즐겁게 느껴지기를 원합니다. 그래서 여러분의 도움이 꼭 필요합니다.

(이때 나는 느꼈다. 아, 나한테만 보낸 메시지가 아니구나. 답을 꼭 안 해도 되

나는 고작 한번 해봤을 뿐이다

겠구나.)

운동에 참여하는 방법입니다.

아무 책이나 집어 들어 본인의 SNS에 책 정보를 쓴다. 운동 이름
으로 태그(#)한다. 함께 할 3명을 태그한다. 책을 찍어 인증샷을
함께 게시한다.

J는 부탁 사항을 열거한 후 "메시지가 불편하셨다면 죄송합
니다"라며 공손히(?) 마무리했다. 나는 답장을 하지 않는 것으
로 간단하게 내 의사를 전달했다. 그의 표현대로 '마치 장난'처
럼 느껴졌다. 내가 부탁을 들어줄 '이유'는 없었다. J의 정체가
궁금해졌다. 소셜 네트워크 서비스 공간의 프로필을 봐도 하는
일에 대한 정보가 없다. 그런데 타임라인에는 다양한 친구들의
인사말로 가득하다. "친구로 불러 주셔서 고맙습니다." J가 먼
저 친구 신청을 보냈고, 그중에 친절한 사람들이 쓴 글로 추정된
다. 그리고 J는 분명 나에게 했던 방식으로 메시지를 복사해서
보냈을 것이다. 더불어 몇몇은 나처럼 짜증이 났을 것이다.

또 다른 사례를 보자. 나와 한때 프로그램으로 인연이 있는 S
는 최근에 회사를 차려 독립했다. 오랜만에 걸려 온 전화를 받고
나서 알게 된 사실이다. 그는 자신의 업무와 관련 있는 나의 회
사 사람들을 만나고 싶어 했다. 나는 흔쾌히 응했고 회사 소개서

와 제안서를 달라고 요구했다. 그랬더니 총 세 개의 메일이 들어왔다. 첫 번째 메일에는 그가 출연했던 몇 편의 방송 동영상들(보자마자 내려받기 싫어졌다), 두 번째는 프로젝트 관련 언론에 소개된 기사 링크들(클릭하기 전까지는 제목도 알 수 없다), 마지막으로 고작 열 줄짜리 제안서(첨부 파일도 아니다)와 여기에 한 개의 메일이 더해졌다.(제안자에 대한 소개가 없어 내가 이력서를 요구했다.) '내가 알아서 해석하고 적당한 사람을 소개해 달라는 의미일까?' 솔직히 불쾌했지만 '이참에 그의 캐릭터를 알게 됐다' 하고 넘어갔다. 어쨌든 부탁을 들어주는 것까지는 최소한의 도리라 생각하고 실제 담당자와 만남을 성사시켰다. '이쯤에서 손을 떼야겠다'고 생각한 찰나, 또 다른 메시지가 들어오기 시작했다. S는 소셜 미디어를 통해 자기의 일과 관련된 뉴스를 계속 푸시하기 시작했다. 물론 나는 볼 때마다 눈살을 찌푸렸고, 그에 대한 이미지 역시 구겨졌다.

여기까지 읽은 여러분의 마음도 나와 다르지 않을 거라 믿는다. J와 S는 정말 '부탁'을 한 걸까? 내 감정을 말하자면 곱게 표현해 '짜증'이요, 솔직히 말해 '폭력'과 같이 느껴졌다. 단언컨대 이건 받아들이는 처지에서 볼 때 부탁이 아니다. 이와 관련하여 스튜어트 다이아몬드 교수는 "사람들은 상대가 의도한 것보다 이메일의 내용을 공격적으로 받아들이는 경향이 있다"라

나는 고작 한번 해봤을 뿐이다

고 말한다. 뭔가를 부탁하려면, 상대방이 가장 기분이 나쁜 상황이라는 가정하에 내용을 쓰라고 조언한다. 훨씬 더 예의를 갖추라는 말이다.

두 번째, 부탁할 때는 상대방의 이익을 고려해야 한다. 다보스 포럼에서 '미래의 글로벌 리더'로 선정된 컨설턴트인 키스 페라치Keith Ferrazzi는 직업상 수년간 다양한 사람들을 만났는데, 언제부터인가 '왜 어떤 사람에게는 사람이 몰릴까?'라는 화두에 꽂혔다고 한다. 그래서 나온 책이 세계적 베스트셀러가 된 《혼자 밥 먹지 마라》Never Eat Alone이다. 그가 언급한 사례들은 왜 많은 부탁이 실패로 끝나는지를 잘 보여 준다. 예를 들어 그에게는 모르는 사람으로부터 수시로 메일이 날아든다. 그중 눈살을 찌푸리게 하는 메일이 있는데, '당신이 네트워크에 능하고, 나도 그러하니 한 번 보자'는 식의 밑도 끝도 없는 요구다. 이런 메일을 보면 '내가 그 사람의 요구에 왜 응해야 하지?'라는 불편한 감정이 먼저 생긴다고 한다. 페라지의 입장에서 이익이 전혀 없기 때문이다. 만났을 때 서로 도움이 될 거라는 믿음은커녕, 마음을 움직이기 위한 열의도 전혀 표하지 않았기 때문이다. 그래서 그는 "인간관계는 도움을 주고 도움을 받는 과정에서 생기는 결실이다"라고 말한다.

사람의 마음도 움직이려면 진정성이 있어야 하는데, 그 기본이 상대방의 마음을 헤아릴 수 있는 능력, 바로 '공감'이다. '나라면 감정이 어떨까?', '나 같아도 그렇게 행동했을까?' 하고 유추할 수 있는 능력이 '공감'이다.

성공한 사람 100인에 대한 조사를 토대로《평범했던 그 친구는 어떻게 성공했을까》Staying Power를 쓴 슈와이크는 한 가지 강력한 조언을 한다. 그는 "남에게 도움을 청할 때는 상대가 도와주고 싶다는 마음이 들게 만들면 된다"라고 말한다. 무턱대고 덥석 부탁하기 전에 비공식적인 자리에서라도 만나고 조언을 구하고 자신을 내보이라는 것이다.

줄 것이 없다면 마음을 움직여라

나 역시 비슷한 사례가 있다. 한 대학생이 페이스북으로 친구 신청을 하고 다음과 같은 메시지를 보내왔다. "언론인을 꿈꾸는데, 페이스북에서 가끔 묻고 답하며 교류하고 싶어 친구 신청해 봅니다. 감기 조심하세요. 즐거운 하루 되세요." 짧은 문장에 두서는 없지만 이만하면 괜찮다고 생각했다. 나는 간단히 대답했고 얼마 후 다시 메시지가 왔다. "상당히 추워졌네요. 옷 잘 챙겨 입으세요. 피디 준비해 보고 싶은데 예전에 준비하실 때 어떻게 하셨어요?" 이렇게 보낸 마음은 안다. 하지만 난 여전히 그 대학생을 잘 모른다. 그런 가운데 한두 마디로 끝낼 수 없는 답변을 요구한 거다. 어쩌라는 걸까? 오라고 해서 차라도 한잔해야 하나? 그러기에는 난 절대 한가하지 않다. 아무 대답도 하지 않았다. 더 많은 시행착오를 겪기 바라며.

지금부터는 어떻게 하면 부탁을 통해 사람의 마음을 움직일 수 있는지, 참고가 될 만한 사례를 소개하고자 한다. C는 의료 관련 일을 하면서 밤에는 의과대학원 수업을 듣고 있었다. 어느 날 그의 타임라인에서 다음과 같은 포스팅을 봤다. "내가 다음 달에 발표할 내용은 'S대 의대 사건으로 본 의료 윤리'이다. 한 때 우리나라를 폭풍의 도가니로 몰았던 의대 교수의 줄기세포 진위, 의료 윤리를 접목해 공부하는 중. 이번 발표를 위해 H 프로듀서를 인터뷰하고 싶지만 쉽지 않은 여정임을 감안하여 그의 저서를 구매하는 것으로 만족하려 한다." 난 한 줄 댓글을 달았다. "인터뷰하자고 하면 할 텐데." 그러자 C의 댓글이 달렸다. "그래 줄까요? 미리 공부 좀 많이 하고 그때 가서 다시 생각해 봐야겠어요.^^" 난 다시 두 번째 댓글을 달았다. "당연. 존재 이 유니까."

내가 이렇게 댓글을 단 것은, 부탁하면 응해 줄 것이라는 믿음이 있었기 때문이다. H 프로듀서는 한때 한국 사회를 들었다 났다 할 정도로 영향력이 큰 취재 프로그램의 중심에 있었다. 그러나 각종 소송에 시달리며 한직에 밀려나 있던 시기였다. 이런 상황에서 그의 과거를 알리고자 하는 사람이 있는데, 과연 그가 거부할까? 이틀 후, C는 새로운 포스팅을 올렸다. "얼마 전 페이스북 친구를 맺은 H의 저서를 읽고 있습니다. 당시 숨 가빴던 상황, 현실적인 고뇌, 진실과 국익의 갈림길에 서 계셨던 모습들이 생생하게 재연됩니다." 이 글을 보고 그들이 서로 페이스북 친구를 맺었다는 사실을 알게 됐다. 댓글을 확인한 순간, 미소를 감출 수 없었다. H가 다음과 같이 댓글을 단 것이다. "소설 같은 이야기지요. 궁금한 부분이 있다면 아는 대로 답변 드리겠습니다. 의료 윤리라면 사건의 주인공이며 제보자인 R 교수에게 문의해도 많은 도움 받으실 수 있을 것입니다." 그로부터 며칠 뒤 C의 타임라인에는 H와 함께 찍은 사진이 올라왔다. 만난 것이다! 연락하기를 고민하는 것부터 실제 만나기까지 불과 일주일밖에 걸리지 않았다.

이제 C의 심리를 추론해 보자. 처음에 C는 H를 인터뷰하고 싶다는 생각을 했다. 그런데 곧 '쉽지 않다'고 판단했다. H가 워낙 거물이라 평범한 학생의 인터뷰 요청을 들어줄 것 같지 않았다. 이때 C가 선택한 방법은 '쉬운 일'에 도전하는 것이었다. C

나는 고작 한번 해봤을 뿐이다

의 타임라인을 다시 살펴봤다. "친구 수락 감사드립니다. 우연히 의료 윤리를 공부하면서 그 당시 황우석 박사의 줄기세포 연구에 대해 다시 리뷰하게 되었습니다. 많은 가르침 부탁드립니다. 피디님의 책도 샀답니다.^^" 친구 신청을 하고 바로 H가 쓴 책을 구매한 후 감사의 글을 썼다. 모름지기 H는 기분이 좋아졌을 테고, C를 남과 다르게 봤을 것이다.

이번에는 나의 마음을 움직인 L의 이야기다. L 역시 나에게 페이스북 친구 신청을 했고, 메신저로 다음과 같은 메시지를 보내왔다. 최대한 각색하지 않고 옮긴다.

"안녕하세요 피디님.

저는 현재 KAIST 공대에 재학 중이며, EBS 피디의 길을 가고 싶은 L입니다. 학교에서 우연히 J 교수님의 '천직 발견 캠프'를 수강하면서 피디님에 대해 듣게 되었고, 이렇게 연락드리게 되었습니다.

사실, KAIST에서는 저처럼 피디 등 언론인을 꿈꾸는 학생이 극소수이기 때문에, 정말 힘들고 지치고 응원도 받지 못합니다. 저는 자꾸만 요즘 그 꿈을 놓으려고 하고 있습니다.

그래서 이렇게 연락드립니다. EBS 〈다큐프라임〉과 〈지식채널e〉를 보면서 가슴속에 뭉클한 무언가가 느껴졌고, 저도 사람들의 생각과 감성을 터치할 수 있는 피디가 되고 싶다는 생각도 하게 되었습니다. 혹시 정말 괜찮으시다면, 제가 서울까지 찾아 뵈어도 좋으니 꼭 한번 현업에서 일하고 계신 피디님과 함께 이야기 나누어 보고 싶습니다. 사실, 현재 과학기술정책대학원에 진학을 앞둔 저는 KAIST의 몇 명 학생들과 모여서 저희만의 콘텐츠를 통해 SNS 등을 공략할 수 있는 영상을 기획해 볼까 하는 프로젝트를 구상 중입니다. 저희 모두가 EBS의 시사교양 프로그램을 정말 존경하는 학생들이라서 EBS 피디분을 한 번이라도 만나 진지하게 조언을 구해 보는 것이 소원입니다.

이러저러한 이야기가 너무 길어진 것이 아닌지 모르겠지만, 인생의 갈림길에 서 있다가 피디님의 이야기를 듣고 너무 반갑고 설레어서 이렇게 메시지 드립니다. 기회가 된다면 꼭 만나 뵙고 이야기 나누고 싶습니다.

편하실 때 답장 주신다면 정말 정말 감사드리겠습니다!"

이 메시지에 마음이 흔들리지 않을 사람은 없을 것이다. 대전에 사는 L은 내가 있는 서울로 찾아왔고 두 시간에 걸쳐 대화를 나누었다. 그 후 장문의 감사 메일을 보내왔으며, 몇 달 뒤에는 친구들과 '공부'에 대한 다큐멘터리를 제작해 내가 피드백을 주기도 했다. 누군가와 대화를 나누고 싶다면 본인이 스스로 대화를 나눌 만한 사람이 되어야 한다. 줄 것이 없다면 진정 어린 태도만으로도 족하다.

나는 고작 한번 해봤을 뿐이다

키스 페라치가 성공한 사람들을 관찰한 바에 의하면 성공한 사람들의 주위에는 어김없이 사람들이 모인다. 하지만 그 사람들은 흔히 상상하듯 타고난 배경이나 학연, 지연으로 이루어진 관계라기보다는 자기 일과 인생에 대한 열정과 노력의 산물일 때가 많다. 그가 밝힌 관계의 비밀은 '진정성'이다.

🧑‍🤝‍🧑 거절당할 줄 아는 용기

부탁에는 용기가 필요하다. 누구나 거절에 대한 두려움을 느끼기 때문이다. 상대방이 부탁을 들어줄 확률보다 거절할 확률이 높다. 게다가 서로 아는 사이가 아니라면 그 확률은 훨씬 더 떨어진다. 그럼에도 불구하고 어느 정도의 상처는 피해갈 수 없다고 생각하는 것이 좋다. 날 때부터 용감한 사람이 어디 있는가. 이와 관련해 미국의 유명 잡지 《패스트 컴퍼니》Fast Company를 만든 앨런 웨버Alan Webber는 한 가지 아이디어를 준다. 그는 《하버드 비즈니스 리뷰》Harvard Business Review의 편집장도 역임하면서 세계 유명 지도자들과 대화를 나눌 기회가 많았는데, 그들로부터 많은 가르침을 받았다고 한다. 그중 눈에 띄는 대목이 '거절을 당했을 때', 성공한 '그들'이 취하는 태도다. 그들 역시 성공에 이르기까지 다양한 거절의 경험이 있었는데, 그 순간 가장 많이 한 답변이 "고맙습니다"였다. 자신에게 "No"라는 답을 준 상대방도 시간을 내준 만큼 그에 대한 감사의 표시를 하는 습관이 그들에게는 있었다. 이렇게 되면 부탁한 사람과 거절한 사람의 관계는 끝나지 않는다. 이 방법은 자신이 기대에 어긋나는 소식도 겸허히 받아들일 수 있는 사람이라는 것을 보여 준다. 더불어 서로 같은 업계에 있다면 언젠가는 그 사람을 다시 만날 수도 있다. 그때 거절한 그 사람은 부탁한 사람이 자신을 어떻게 표현했는지를 더 오래 기억한다고 한다. 그래서 앨런 웨버는 '거절을 잘 받아들이면 축복이 된다'고 역설한다.

질문의 힘은 생각보다 세다

　후배 N의 이야기를 다 듣고 이번에는 내가 질문을 던졌다. 이해가 안 되는 구석을 쿡쿡 찔러 댔다. N의 얼굴이 흙빛으로 변해간다. 그러나 나를 원망하는 눈빛은 아니다. 피디들은 그 마음을 잘 안다. 아주 탁월한 기획이 아니라면 언제나 좌불안석이다. 주변에는 '뭐라 뭐라' 따지는 사람도 별로 없다. 조언을 해 주거나 비판을 해 주는 사람 자체가 귀하다. 기획안은 흔들리고 방송은 얼마 남지 않았다. 이제 어떻게 할 것인가? 대화는 한 시간가량 더 지속됐고, 시간이 부족해 다음 날 약속까지 잡게 됐다. 결론은? 이 대답은 내 영역이 아니다. 하지만 작은 전환이 있었다. 어떻게 아느냐고? 프로그램 방향이 달라졌으니까.

질문의 힘은 강력하다. 어떠한 말이라도 끝에 가서 물음표가 붙는 순간 상대방의 마음은 흔들린다. 좋든 싫든 긴장이 발생하고 자신이 뭐라도 대답해야 할 것 같은 부채 의식마저 생긴다. 인간의 마음이 그렇게 생겨 먹었기 때문이기도 하고 이는 언어의 힘이기도 하다.

간단히 증명하는 방법이 있다. 길 가는 사람을 잡고 무엇이든 간단한 퀴즈를 내 본다. 다큐멘터리에서 종종 하는 방식이기도 한데, 상대방은 당황스러워하면서도 일단 무언가를 대답하려고 한다. 이게 바로 질문의 힘이다. 사람은 물어보면 대답하게 되어 있다. 아기들이 엄마 아빠한테 그토록 질문을 퍼붓는 것도 이 마법의 힘을 본능적으로 알기 때문이다. 덕분에 아기들은 엄청나게 빠른 속도로 세상을 배운다.

내가 질문을 하게 되면 상대방이 싫어할 거로 생각하는 건 대개 기우에 불과하다. 사람들은 자기에게 관심을 두는 사람에게 역시 관심을 둔다. 인정 욕구 때문이다. 그에게 배우고 싶고 그와 가까워지고 싶다면 그가 잘하는 것에 관해 물어보는 것이 좋다. 한 시간이고 두 시간이고 시간 가는 줄 모를 것이다.

큰 성취를 해낸 사람일수록 질문의 힘을 잘 안다. 일찍이 소크

나는 고작 한번 해봤을 뿐이다

라테스Socrates는 "인간이 지닌 최고의 탁월함은 자신과 타인에게 질문하는 능력"이라고 말했다. 질문을 통해 깨달음을 얻게 만드는 그의 대화 스타일을 '산파술'(산모를 도와주는 산파처럼)이라고 칭하는데, 오늘날에도 최고의 교수법으로 통한다. 학습 부진아였던 아인슈타인을 세기의 과학자로 키운 것도 질문이다. 그는 유명해진 후에 친구에게 이렇게 말했다. "나한테는 특별한 재능이 없다네. 다만 지독하게 호기심이 많을 뿐이지." 그 호기심은 자라난 환경과도 무관하지 않았다. 아인슈타인의 어머니는 아이가 아무리 질문을 많이 해도 귀찮아 하지 않고 성의 있게 대답해 줬다.

《탈무드》The Talmud를 쓴 마빈 토카이어Marvin Tokayer는 5천 년 유대 교육의 비밀을 한마디로 '질문하기'라고 했다. 이스라엘에서 교사의 제1 덕목은 학생들의 질문을 끌어내는 능력이다. 아이들이 수업 시간에 말없이 듣고만 있다면 이는 교사의 책임이다. 학급의 리더 역시 좋은 질문을 던지는 학생들 중에서 나온다. 가정에서도 교육의 제1 덕목은 '질문'이다. 토카이어에 따르면 유대인 부모들은 "오늘 학교에서 무엇을 배웠니?"라고 묻지 않고 "오늘 선생님께 무슨 질문을 했니?"라고 묻는다. 더불어 "무엇이든지 모르면 선생님께 물어보라"고 말한다. 그렇게 큰 아이들은 질문을 두려워하지 않기 때문에 지식을 얻어가는 과정을 재미있게 느낀다.

⚏ '일'을 내는 건 언제나 질문하는 사람

배움에 있어 질문만큼 투자 대비 효과가 좋은 것도 없다. 그럼에도 불구하고 질문을 하지 않는 큰 이유는 '두려움' 때문이다. 두려움의 정체는 다시 두 가지로 나눌 수 있다.

첫째, 상대방이 언짢아할까 봐
둘째, 그것도 모르냐는 핀잔을 받을까 봐

먼저 '그가 언짢아할까 봐' 질문을 못 하는 것은 다수의 직장인이 공감한다. 우리나라의 경직된 조직 문화와 관련되어 있기 때문이다. 물론 자기를 합리화할 준비는 되어 있다. "난 물어보려고 하는데, 분위기만 봐도 안 통한다는 것을 알 수 있다. 윗사람이라면 더욱 그렇다. 선배도 싫어하고, 부장도 싫어하고, 사장도 싫어하고…." 실제로 거침없이 질문하기 시작하면 소크라테스처럼 왕따가 될 가능성도 커진다. 소크라테스가 사형을 당한 공식적인 이유는 불경죄였다. 젊은이들을 타락시키고 신의 존재를 의심한 점. 그러나 사실 소크라테스를 죽인 건 그의 날카로운 질문이었다는 해석이 유력하다. 그는 자신의 무지를 깨닫기 위해 당대의 지식인들을 찾아다니며 질문을 던졌는데, 대부분이 제대로 대답하지 못했다. 만나는 사람들을 죄다 무안하게 만들었으니 무사했겠는가.

　질문을 하든 말든 개인의 자유다. 성격의 차이도 있다. 그러나 세상에 '일'을 내는 건 언제나 질문하는 사람의 몫이다. 세상이 점차 질문하는 사람을 중요하고 가치 있게 생각하고 있다는 걸 알 필요는 있다. 뉴스를 찬찬히 보라. 시대가 요구하는 창의력, 혁신 이런 키워드는 결국 '질문'과 관련이 깊다.

　질문을 하지 않는 또 다른 이유는 '그것도 모르냐는 핀잔을 받을까 봐'다. 이 말은 사실 변명의 여지가 적다. 마음만 고쳐먹으면 상당 부분 해결된다. 그럼에도 불구하고 '자존심'의 늪에서 헤어 나오지 못하는 까닭은 마음의 습관 탓이다. 특히 공부조차도 잘 보이기 위해 해야 했던 오랜 관성에 기인한 바가 크다.

　《질문의 힘》Find Out Anything from Anyone, Anytime을 쓴 제임스 파일James Pyle은 아이러니하게도 '기자'들에게서 이런 유형이 적지 않게 발견된다고 한다. 어떤 주제에 대해 전혀 모르고 있음에도 꽤 알고 있는 듯한 인상을 주려고 노력한다는 것. 이런 기자들은 질문을 하더라도 대개 길고, 논점이 잘 안 잡힌다.

　인간 발달에 대한 이론과 실무를 겸비한 심리학자 한신대 이

경숙 교수는 이렇게 말한다. "질문하기는 인간의 본능이고 누구나 잘할 수 있다. 세대를 지나도 변치 않는 아기들의 모습이 그 증거이다." 정말로 어린아이들은 끊임없이 질문을 던진다. 두 살이 되면 수시로 "이게 뭐야?"라고 묻고, 세 살부터는 "왜?"라는 꼬리표를 달고 다닌다. 모든 인간은 그렇게 태어났다. 타고난 호기심에 두려움이 설 자리는 없다. 그러나 대략 열 살이 넘어가면서 질문이 슬그머니 사라진다. 정답이 많아지면서 다른 관점에서 생각해 볼 필요가 없어진 것이다. 프랑스의 진화론자 라마르크Jean-Baptiste Lamarck가 주장했듯이 "자주 사용하는 기관은 발달하고 그렇지 않은 기관은 퇴화한다." 질문도 마찬가지다. 해 버릇하지 않으면 나중에는 안 하는 것이 아니라 못하게 된다. 그러나 나이가 들면서 점차 깨닫는다. '삶에는 정답이 없는 문제가 훨씬 더 많다.' 답은 곧 질문에 있다.

세상의 인정보다 자신에 대한 믿음

스물여섯 살의 피카소는 수많은 밤을 지새우며 100장이 넘는 습작을 그렸다. 그는 새로운 예술을 향한 확신과 열망으로 마침내 자신만의 그림을 완성했다. 피카소는 이전과는 완전히 다른 방식으로 인물을 표현했다. 그림 속 다섯 여성의 얼굴은 아프리카의 전통 가면처럼 투박했고, 신체는 날카롭게 각진 채 공격적으로 보였다. 부드러움과 우아함 대신 강렬함과 거침이 자리잡고 있었다. 피카소는 자신감 넘치게 이 작품을 동료들에게 공개했다. 그러나 기대와는 달리 주변의 반응은 싸늘했다. 친구와 동료 화가들은 어이없다는 듯 비웃었고, 일부는 격렬히 분노하기까지 했다. 오랜 고민 끝에 탄생한 작품이었기에 그들의 혹평은 피카소에게 깊은 상처를 남겼다. 그는 이 반응에 심리적 압박을 느껴 9년 동안 작업실에 보관한 뒤에야 세상에 공개했다. 하지만 모두가 외면한 것은 아니었다. 두 사람은 작품의 진가를 알아봤다. 화가 조르주 브라크Georges Braque는 그 그림에서 피카소와 함께 새로운 가능성을 발견했고, 화상이었던 다니엘 앙리 칸바일러Daniel-Henry Kahnweiler는 그 독창성을 높이 평가했다. 이 작품이 바로 현대 미술사의 전환점이 된 〈아비뇽의 처녀들〉이었다. 피카소는 스스로 그 작품이 '새로운 그림'이라 확신했다. 결국 외부의 평가보다 중요한 건 자신의 신념이다. 그는 자신과 뜻을 함께한 브라크와 함께 큐비즘이라는 새로운 미술 사조를 탄생시켰다.

피카소의 사례는 '비난 속에서도 자신을 믿은 사람'의 이야기다. 그렇다면, 또 다른 방식으로 자기만의 길을 걸어간 사람은 없을까? 문학의 세계로 가 보자.

방법이 달랐을 뿐

애거사 크리스티Agatha Christie는 세계적으로 가장 널리 읽히는 추리소설 작가이다. 그녀는 평생 90편이 넘는 작품을 발표하며, 셰익스피어William Shakespeare와 성경 다음으로 전 세계에서 가장 많이 팔린 책의 작가라는 명성을 얻었다. 크리스티의 작품은 연극,

영화, 드라마 등으로 무수히 변주되었고, 지금도 다양한 플랫폼에서 계속 재탄생하고 있다. 그러나 그녀의 찬란한 성공에도 분명히 '처음'은 있었다. 그녀가 글을 쓰게 된 계기는 어느 겨울 어머니의 한마디였다. 어머니가 던진 "글을 써 보지 그러니?"라는 말은 크리스티에게 큰 울림을 주었고, 그로 인해 첫 단편《아름다움의 집》The House of Beauty이 탄생했다. 그때 그녀는 고작 한 편의 단편을 완성했지만, 이 작은 시도가 거대한 작가로 성장하는 씨앗이 되었다.

작가로서 추리소설에 도전하게 된 계기는 언니 마지Madge Miller와의 내기였다. 신간 추리소설을 읽던 중 크리스티는 돌연 "나도 추리소설을 쓸 거야"라고 선언했고, 언니는 "너무 어려워 못 쓸 걸"이라며 불가능을 이야기했다. 그러나 크리스티는 그 순간 마음속에 확고한 의지를 심었고, 이후 첫 장편《스타일스 저택의 괴사건》The Mysterious Affair at Styles을 완성하여 추리소설 작가로 정식 데뷔하였다. 첫 작품의 출판은 절대 순탄하지 않았다. 원고를 여러 출판사에 보냈지만 거절당하기를 반복했고, 심지어 원고를 보낸 지 2년이 지났을 때 비로소 출판 계약 제안을 받았다. 그녀는 출판을 기대하지 않았기에 거절에도 크게 실망하지 않았고, 계속 글을 쓰는 것 자체를 즐겼다. 이렇게 초라한 '한번 하기'의 경험이 마침내 성공을 불러온 것이다.

한편, 크리스티는 유명 작가에게 초창기 단편에 대해 평가를 받았을 때 "결코 작가가 될 수 없다"라는 혹평을 들었다. 그러나 그녀는 이 비판을 개인적인 의견으로 받아들였을 뿐 자신의 가능성을 포기하지 않았다. 크리스티는 계속해서 자신만의 방식으로 글을 썼고, 결국 세상은 그녀의 이야기를 인정했다. 이 경험은 그녀가 희곡 장르에 도전할 때도 마찬가지였다. 초기의 거절을 겪었지만 포기하지 않고 계속 도전한 끝에, 희곡에서도 놀라운 성공을 거두었다.

결국 애거사 크리스티는 숱한 '한번 하기'를 통해 자신만의 독특한 이야기를 완성했고, 그것이 모여 세계적인 작가로 자리 잡게 되었다. 그녀는 작은 도전에서 절대 실패를 두려워하지 않았으며, 언제나 새로운 도전을 멈추지 않았다. 또한 거절과 비판을 자신의 가치를 깎아내리는 최종 판결로 받아들이는 대신 그저 자신의 방식으로 글을 써 나갔다. 그것이 모든 성취의 비결이었다.

피카소와 크리스티는 서로 다른 예술 세계에서 활동했지만, 두 사람 모두 '세상의 평가보다 스스로를 믿는 태도'로 자신의 길을 개척했다. 누군가는 "이건 틀렸다"라고 했지만, 그들은 '새롭다'고 생각했다. 누군가는 "너는 못 할 거야"라고 말했지만, 그들은 '그래도 해 보겠다'고 답했다. 이들은 완벽하게 준비되었을 때 시작한 것이 아니라, 아직 미숙한 채로라도 행동에 나섰다. 그 작은 '한번 하기'가 결국 자기 확신의 증거가 되었고, 커다란 성공의 출발점이 되었다. 자신감은 외부의 인정보다, 내 안의 작지만 반복된 실천에서 생겨난다. 직접 해 봐야 알 수 있고, 작게라도 해내야 다음이 가능하다. '자기 효능감'이라는 심리학 개념은 바로 이 같은 작은 성공의 누적으로 만들어진다. '한번 하기'는 '나도 할 수 있다'는 느낌을 키워 주는 심리적 출발선이다. 그리고 이 감각은, 세상에 단단히 발 딛고 설 수 있는 가장 강력한 무기가 된다.

정말 실패한 걸까?

아이가 유치원 다닐 때였다. 어느 날 갑자기 물었다. "아빠 영어 잘해?" (음…) "잘 못해"라고 말했더니 그 순간 한국어로 된 동화책을 들고 오더니 "그럼 이거 읽어 줘" 하는 것이었다. 그리고 나서 생각했다. '왜 못한다고 했을까?', '앞으로 이런 일이 비일비재할 텐데.' 다음 날에도 찜찜함이 사라지지 않았다. 영어를 둘러싼 일련의 경험을 하고 나니, '해 볼까… 출근길만이라도 해 볼까…' 하는 생각이 문득 들었다. 그렇게 시작한 것이 출근길 오디오 영어 회화 듣기였다. 워낙 기초여서 그런지 생각보다 잘 들렸다. 신기해서 그날 일기를 썼다. "왠지 영어를 공부할 것 같다." 결과는 민망하다. 기록하지 않아 기억에 남지 않지만, 실천이 오래가지 못했다. 아마 며칠 하다가 포기한 것 같다. 왜

나는 고작 한번 해봤을 뿐이다

그랬을까? 현실에 닿고 있는 삶과 관련이 없어서일 것이다. 더불어 욕구도 낮았기 때문이다.

해가 바뀌고 어느 에세이를 읽는데, 저자가 영어책 한 권을 통째로 외우면 영어 공부는 상당히 진척된다고 자기 근거를 제시하는 대목이 있었다. 나는 욕구가 발동했고 즉각 실천했다. 저자가 소개해 준 책을 구매해서 외우기 시작했다. 책은 6개 문장으로 이루어진 회화문 100개로 되어 있는데, 하루 3개의 회화문에 도전했다. 문장으로 치면 18개다. 출근길 도보 30분 동안에 소화할 수 있는 분량이다. 처음에는 18개나 할 수 있을까 싶었는데, 막상 해 보니 되었다. 결국 영어책 한 권을 외우게 되었다. 나에게는 무척 큰 성공 경험이었다. 그러나 더 이상의 점은 연결은 없었다. 지금까지는 그렇다.

다시 이듬해 영어 공부에 대한 욕구가 올라와 영어로 제작한 다큐멘터리 시청에 도전해 보기로 했다. 그것도 며칠 하다 흐지부지되었다. 이상이 영어와 나와의 최근 10년간 흔적이다. 아주 심심한 이야기지만 나는 이 또한 '점의 연결'을 위한 과정이라고 생각한다. 어떤 경험은 그냥 소멸되는 것 같아도 의외의 순간에 되살아나 새로운 경험으로 연결되기도 한다. 그런 일은 쉽게 자각이 안 될 뿐 부지기수로 일어난다.

시도는 실패처럼 보여도 사라지지 않는다

《나는 고작 한번 해봤을 뿐이다》 초판이 나왔을 때, 존경하는 선배는 칭찬을 많이 해 주었다. 내 데뷔작보다 일취월장했다고 했다. 다만 인용보다 직접 취재가 부족한 것은 아쉽다고 덧붙였다. 우리는 그때 모 기업의 사옥 앞 노천에서 술을 마시고 있었다. 선배는 이렇게 말했다. "바로 저 기업의 CEO 같은, 사회에 획을 그은 인물에게 연락해서 진정성 있게 취지를 설명하고 인터뷰를 하는 것이지! 어때 멋지지 않아?" 엄청 흥미진진한 인생 프로젝트가 될 것 같았다. 그리고 충분히 해낼 수 있을 것 같았다. 다음 날, 아무 일도 일어나지 않았다. 아무것도 시도하지 않았으며 심지어 모든 것은 기억에서 사라졌다. 왜 그랬을까? 엄두가 나지 않았던 것 같다.

그렇게 거의 10년이 흘렀고 나는 작년부터 열정적으로 북 토크 행사에 청중으로 참여했다. 그러던 어느 날 행사 소감을 어떤 전문지에 칼럼 형식으로 쓰기 시작했다. 그러다가 욕심이 생겨 북 토크의 작가들을 직접 인터뷰해 보기로 했다. 비록 대기업의 CEO는 아니지만, 사회를 움직이는 인물들에 대한 인터뷰를 내가 하고 있다는 것을 발견했다.

그 당시에는 흐지부지되거나 중단된 것 같았던 경험도, 훗날 전혀 예상하지 못한 순간에 새로운 행동으로 연결될 수 있다. 이와 관련해서 내가 꾸준히 시도하고 효과를 본 것은 건강 관리다. 40대가 되면 몸에서 이상 반응이 오기 시작한다. 그래서 운동뿐만 아니라 음식에 관해서도 관심이 높아진다.

내 일기장에는 각종 건강 관리에 대한 시도가 여럿 있다. 어느 날은 눈 건강을 위해 블루베리를 매일 먹은 적이 있었다. 하지만 이것도 금세 시들해졌다. 과다하게 마시는 커피의 대체재로 보이차를 부지런히 끓여 먹기도 했다. 이 시도는 약 석 달간 이어졌다. 그런가 하면 어느 새해에는 첫날부터 아침 운동을 시도했다. 결과는 모두 시원찮았다. 시도를 폄훼하는 것은 아니지만 딱히 '점의 연결'이라고 할 만한 것이 없었다.

그러다 사건이 일어났다. 의사는 나에게 콜레스테롤 수치가 높으니 스타틴을 복용하자고 권했다. 당시 관련 지식이 전혀 없었던 나는 의사의 제안에 쉽게 응했다. 문제는 부작용이었다. 이 문제를 해결하기 위해 관련 서적과 의료 전문가가 전하는 콘텐츠를 찾아다녔다. 그러다 어떤 의사가 제안한 "웬만한 콜레스테롤 문제는 5킬로그램 감량에 해결된다"라는 의견에 혹해 실행해 보기로 했다. 내가 선택한 것은 하루에 일식은 '귀리 우유 한 잔 마시기'였다. 귀리 우유는 포만감이 있어서 다이어트 식품으로 널리 알려져 있다. 한 달 실천하니 2킬로그램이 감량됐고, 넉 달 실천하니 4킬로그램이 줄었다. 이때 나는 복용하던 약을 끊을 수 있었다. 안 좋던 콜레스테롤 수치가 정상으로 돌아왔기 때문이다. 더불어 고질적인 허리 통증 문제까지 개선할 수 있었다. 몸에 대한 효능감은 운동으로 이어졌다. 그렇게 시작한 퍼스널 트레이닝이 올해로 6년째다. 적절한 식이요법과 함께 건강을 유지할 수 있는 비결이다.

돌아보면 이 모든 변화는 하나의 작고 가벼운 시도에서 시작되었다. 아이의 질문 한마디, 선배의 조언 한 줄, 책에서 본 문장 하나, 의사의 제안 한 문장이 나를 움직였다. 그중 어떤 것은 오래가지 못했고, 어떤 것은 사라졌다가 느닷없이 되살아났다. 하지만 확실한 건 이것이다. '한번 해 본 일'은 나를 바꾸고, 언젠가는 연결된다. 그것이 지금의 나를 만든 실천의 지도다. 그러니 앞으로도, 나는 또 한번 해 볼 것이다.

나는 고작 한번 해봤을 뿐이다

성장 마인드, 자존감의 핵심 키워드

내가 연출했던 기획다큐멘터리 5부작 〈퍼펙트 베이비〉의 기획은 어떤 발달심리학자의 한마디에서 비롯됐다. "아이들은 만 5세부터 본격적으로 망가져 갑니다. 한국 아이들은 더 빠릅니다. 평가를 위한 평가 때문이죠." 이 지적은 학교교육 일반의 한계와 일맥상통한다. 우리는 학교에서 무엇을 평가하는지 잘 알고 있다. 기존의 방식을 빨리 암기해서 문제를 빨리 해결하는 것. 지독할 정도로 연습을 반복한다. 각종 공식과 순서 외우기를 상기해 보라. 학습은 내가 궁금하고 원하는 것보다는 평가자가 원하는 쪽에 초점을 맞춘다. 수업 시간에 정답과 무관한 질문을 하는 걸 상상할 수 있겠는가? 선진 교육이란 이 한계를 누가 더 멀찌감치 벗어나느냐에 달려 있다.

난 다큐멘터리에서 아기들이 얼마나 완벽한지를 증명하는 데 힘을 쏟았다. 두세 살짜리 아기들의 행동을 유심히 보면 탄성이 절로 나온다. 넘치는 호기심과 열정은 아무도 말릴 수가 없다. 실수를 해도 전혀 창피해하지 않는다. 말 배우는 속도는 어떤가. 모든 아기는 언어학자이면서 심리학자, 과학자다. 다시 생각하면, 우리는 모두 '타고난 인재'였던 것이다! 그런데 그 많던 인재들은 다들 어디로 갔을까? 영국의 시인 예이츠William Butler Yeats는 "교육이란 물통에 물을 채우는 것이 아니라 불을 지피는 것"이라고 강조했다. 촌철살인이다. 물통에 물만 채우고 있으니 지식에 화학적 변화가 생기겠는가.

저명한 사회학자 벤저민 바버Benjamin Barber는 이런 말을 했다. "나는 이 세상을 성공한 사람과 실패한 사람으로 나누지 않는다. 학습하는 사람과 학습하지 않는 사람으로 나눈다." '학습하고자 하는 열정'이 바로 아기들이 주는 교훈이다.

스탠퍼드대학의 캐럴 드웩Carol Dweck 교수는 열정에도 종류가 있다고 설명한다. 이를 위해 도입한 개념이 성장 마인드와 고착 마인드다. 간단히 말해 '인간의 능력을 성장할 수 있는 것으로 볼 것인가, 고정된 것으로 볼 것인가'라는 신념이 현재의 행동 그리고 인생의 방향을 결정한다는 것이다. 성장 마인드는 사

나는 고작 한번 해봤을 뿐이다

실상 자존감과 동의어다. 자존감은 자기를 존중하는 '느낌'인데 유능하다는 느낌과 사랑받는다는 느낌으로 구성된다. 중요한 건 결과보다 '과정'을 더 가치 있게 느낀다는 점. 과정의 연결이 바로 '성장'이다. 이 마인드가 행동을 결정한다.

다큐멘터리에서 캐럴 드웩의 실험을 그대로 재연해 봤다. 만 다섯 살의 아이들을 초대해 세 차례에 걸쳐 퍼즐을 풀게 했다.

1. 쉬운 퍼즐을 푼다. 모든 어린이 성공!
2. 더 쉬워 보이는 다른 퍼즐을 푼다. 모두 실패!
   (의도적으로 수톱워치를 앞당겼음)
3. 앞선 퍼즐 두 개를 다시 주고 고르게 한다.

많은 아이가 한 번 맞추었던 첫 번째 퍼즐을 고르지만, 일부 아이들은 오히려 맞추지 못했던 두 번째 퍼즐을 다시 한번 해 보겠다고 한다. 이 차이는 무엇일까? 뉴저지주립대학 마이클 루이스Michael Lewis 교수는 "어떤 감정을 경험했느냐가 선택에 영향을 미친다"고 한다. 똑같이 실패를 경험해도 수치심을 느꼈다면 다시 도전할 수 없다는 것이다. 실패를 부끄럽게 생각하는 마음이 바로 캐럴 드웩이 말한 고착 마인드다. 반면 실패했기 때문에 다시 도전하겠다는 과정 중심의 태도가 성장 마인드다.

성장 마인드 vs 고착 마인드

아이들을 대상으로 한 실험이지만 결코 아이들만의 얘기가 아니다. 캐럴 드웩은 청년들에게 "당신 자신이 똑똑하다는 느낌이 드는 때는 언제인가?"라는 간단한 설문을 돌렸다. 고착 마인드와 성장 마인드를 가진 사람들 간의 차이는 뚜렷했다.

고착 마인드
- '실수'를 하나도 저지르지 않을 때.
- 내가 쉽다고 생각한 일을 다른 사람들이 제대로 해내지 못할 때.

성장 마인드
- '노력'해서 전에 하지 못했던 일을 해냈을 때.
- 오랫동안 머리를 싸매던 문제가 서서히 풀리기 시작할 때.

고착 마인드는 어려서부터 '똑똑하다'는 말을 많이 듣는 사람에게 많이 나타나는데, 완벽을 중시하며 결과를 타인과 비교한다. 반면 성장 마인드는 결과를 자신의 과거와 비교하며, 무언가를 배우는 걸 중요하게 생각한다. 아무리 똑똑한 사람도 고착 마인드라면 장기적으로 성장 마인드인 사람을 이길 수 없다.

기획 다큐멘터리를 연출할 때의 일이다. "저 책장에 있는 책 보이지? 제목을 참고하려고 하니까 모조리 꺼내서 목차만 복사해라." 실습생 K에 대한 첫 지시였다. K는 소위 명문대 졸업반으로 피디 지망생이었다. 한 10분쯤 지났을까. 인기척이 느껴져 뒤를 돌아보니 K가 쭈뼛거리며 책 한 권을 내민다. "저… (5초의 시간이 흘렀다) 세로로 복사할까요? 가로로 복사할까요?" 나는 침을 한 번 꿀꺽 삼키고 한마디했다. "가로로 해라." K에게 복사 과제는 익숙한 문제가 아니었던 셈이다. 쉽게 말해 어려운 문제였던 것이다. 고작 문서 복사였지만 '혹시 잘못 복사해서 헛짓을 하게 되거나 욕을 먹으면 어쩌지' 하는 마음이 '애당초 비판의 싹을 잘라내고 가야겠다'는 소심한 다짐으로 이끈 것이다. 주위에서 흔히 볼 수 있는 고착 마인드의 전형이다. 문제가 해결된 것 같지만 기회비용이 발생한다. 그 기회비용은 '스스로' 생각해 보는 능력이다. 더 큰 비용은 이런 습관이 누적되면 '창의적 문제 해결 능력'은 물 건너간다는 것이다.

다른 사람의 눈치를 보지 않고 내가 세상의 중심이 된다는 게 말처럼 쉽지 않다. 성장 마인드가 좋다고 개념적으로는 이해하지만 디테일에서 무너지는 게 인간이니까. 그리고 습관화하지 않는 한 초심을 잃게 된다. 캐럴 드웩의 조언을 따라 할 수 있는 건 해 보자. 한 번의 솔직함이 운명을 바꿀 수도 있다. 솔직한 사람 앞에서는 누구든지 무장해제가 되고 기꺼이 도와주려고 하기 때문이다.

❖ 모르는 건 모른다고 하기

가령 대화 중에 모르는 사자성어 나오면 아는 척 넘어가지 말고 물어본다. 그것도 모르냐고 핀잔이 돌아와도 한번 감수해 보자. 그래 봤자 대개 농담이다. 그 사람은 점점 당신의 솔직함에 반하게 될 것이다.

❖ 비판하는 사람에게 감사하기

"조언해 줘서 고마워." 이 한마디에 그는 당신의 영원한 후원자가 된다. 주변에 비판하는 사람이 없다는 건 당신이 고착 마인드란 걸 우회적으로 입증해 준다. 주변 사람들의 칭찬을 잘 들어보면 구체성 없는 화려한 수사만 가득할 것이다.

❖ 비법을 물어보면 알려 주기

특허를 낼 거 아니라면 그냥 알려 준다. 어차피 조만간 알게 된다. 제과 장인 김영모의 성공 비결은 물어보는 대로 알려 주기다. 하나를 가르치면 반드시 나도 하나를 배우게 된다는 진실을 경험을 통해 터득했기 때문이다.

앞서 충분히 얘기했다. 우리의 고민은 고작 방법론에 불과하다. 섭외에 용기가 필요해서 망설여진다면, 그가 있는 곳에 어슬렁거리기만 해도 만날 확률은 높아진다. 이건 성실함에 대한 문제다. 약간의 귀찮음만 극복하면 놀라운 일이 찾아온다.

우리가 새로운 도전을 망설이는 가장 큰 이유는 실패에 대한 두려움이다. 하지만 '한번 하기'는 실패의 비용을 최소화한다. 한 시간 동안 새로운 취미를 시도해 보는 것과 평생을 걸고 새로운 일을 시작하는 것의 실패 비용은 하늘과 땅 차이다. 작은 실험을 통해 우리는 실패가 생각보다 무섭지 않다는 것을 깨닫게 되고, 점차 더 큰 도전을 할 수 있는 용기를 얻는다.

PART 4

나는 고작 한 줄 썼을 뿐이다

그냥 시작하는 힘

그저 적었을 뿐인데

나는 아이가 태어났을 때부터 초등학교를 졸업할 때까지 12년간 육아 일기를 썼다. 대략 일주일에 세 번 정도, 한 줄씩 썼는데, 사실상 일기보다 메모에 가깝다. 시작은 '태어난 지 얼마 안 된 아기의 울음을 좀 진정시킬 방법이 없을까?' 고민하다가, 관련 책을 찾게 되면서부터다. 처음에는 전문가의 조언과 아기의 성장을 비교하면서 기록했다.

습관이 되더니 아이에게 발달상의 변화가 보이면 그 즉시 메모 애플리케이션에 옮겨 적었다. 아이의 언어, 반응, 날로 정교해지는 놀이 수준까지 변화를 포착해 내는 시선도 점차 예리해져 갔다. 그런 기록이 모여 어느새 보물이 되었다.

무엇보다 가장 중요한 소득은 메모를 하면서 아이에 대한 애정이 깊어졌다는 데 있다. 다수의 육아서를 낸 정신과 전문의 정우열은 '어떻게 그 많은 육아서를 쓰게 됐느냐'는 질문에 이런 말을 한 적이 있다. "애를 사랑해서 본 게 아니라, 보다 보니 사랑하게 됐고 글로 남기게 됐다." 나도 마찬가지다. 뭔가 한 줄이라도 쓰면서 발달에 더 관심을 두게 되고, 아이를 알면서 애착 수준도 높아지게 되는 걸 생생히 경험했다.

아이의 성장으로부터 의외의 통찰을 건지기도 한다. 영국의 심리학자 찰스 퍼니허프Charles Fernyhough는 이런 명문을 남겼다. "어린아이를 가까이에서 관찰해 보라. 그러면 인간 존재에 대해 알아야 할 모든 것을 배울 수 있다." 부모들은 공감할 것이다. 아이들은 인간이 자라면서 놓치기 쉬운 중요한 진실을 알려 준다.

메모에서 출발한 '점'은 육아 일기로 연결되었다. 그 시간이 십 년을 훌쩍 뛰어 넘었다. 이 기록의 운명이 어떻게 될지는 모른다. 하지만 지난 십여 년의 결과는 알고 있다. 그것은 더욱 깊어진 사랑의 감정이다. 누가 뭐래도, 나만이 알 수 있는 만족감이다. 나처럼 그저 '적었을 뿐인데' 어느새 커다란 흐름이 만들어진 사람은 나만이 아니다. 오히려 흔하게 발견되는 사례 중 하나다. 시대와 분야는 달라도, 기록의 힘을 믿고 실천한 사람들의 이야기는 묵직한 울림을 남긴다.

🌳 그들은 왜 메모를 할까?

　미국 건국의 기초를 닦은 벤저민 프랭클린은 다양한 분야에서 누구도 넘볼 수 없는 업적을 남겼다. 번개에 대처하기 위한 피뢰침, 다초점 렌즈, 소방차를 발명했는가 하면 미국 최초의 대출 도서관과 펜실베이니아대학 같은 도시 발전 프로그램을 만들었다. 말년에는 미국 헌법을 만드는 데도 참여했다. 직업으로 열거하자면 언론인, 사업가, 과학자, 외교관, 정치인까지 그야말로 모든 영역에서 완벽에 가까운 성취를 이루었다고 할 만하다. 가난한 대장장이의 아들로 태어나 어떻게 미국 역사상 가장 다재다능한 지도자가 될 수 있었을까? 독서광이었던 프랭클린에게는 책만큼 소중히 여기는 보물이 있었는데, 바로 메모를 위한 '수첩'이었다. 수첩을 통해 일과를 점검하고 반성하는 것은 물론 좋은 글귀나 아이디어가 있으면 틈틈이 기록했다. 프랭클린이 스물여섯 살에 만든 《가난한 리처드의 달력》Poor Richard's Almanack도 수첩에서 나온 아이디어다. 날씨와 생활 정보, 간단한 지식, 삶의 지혜 등 자신의 수첩에 적힌 내용을 달력에 옮겨 적었다. 이 달력은 당시 최고의 베스트셀러였다. 그는 여든네 살로 생을 마감할 때까지 수첩을 가지고 다녔는데, 《프랭클린 자서전》The

Autobiography of Benjamin Franklin은 그 메모가 낳은 역작이다. 이 자서전은 전 세계인들에게 많은 교훈을 주며 200년이 지난 지금도 꾸준히 사랑받고 있다.

기록하는 습관은 위대한 리더들에게서 공통으로 나타난다. "기록은 성공으로 가는 길의 방향키"라고 말한 미국의 사상가 에머슨Ralph Waldo Emerson도 지독한 메모광이었다. 그는 머릿속에 떠오르는 생각들을 날마다 기록했다. 이 과정은 아이디어를 구체화하는 것뿐만 아니라 저술에도 크게 보탬이 됐다. 오바마Barack Obama 전 미국 대통령에게 성경 다음으로 큰 힘이 되어 준 책으로 유명한 《세상의 중심에 너 홀로 서라》Self-Reliance도 기록의 산물이다.

프랭클린 못지않은 아메리칸 드림의 주인공인 월마트 창립자 샘 월튼Samuel Moore Walton의 기록 방식은 다소 특이하다. 그는 "모든 사원의 말에 귀를 기울인다"라는 사명을 실천하듯, 소형 녹음기를 갖고 다니면서 아이디어가 떠오를 때마다 녹음하고 즉각 실행했다.

기록은 단지 성공한 인물의 습관이 아니라, 창의성을 촉진하는 가장 강력한 도구이기도 하다.

🌳 기록은 성공으로 가는 방향키

　창의적인 일을 하는 사람들 역시 메모를 반복한다. 왜일까? 메모의 가장 큰 장점은 기억의 한계를 보완한다는 것이다. 머릿속에 담아 두는 대신 적어 두면, 그만큼 뇌는 여유를 얻고 창의적으로 연결할 수 있는 공간이 생긴다.

　레오나르도 다 빈치Leonardo da Vinci는 역사상 대표적인 팔방미인으로 꼽힌다. 건축가이자 화가, 조각가, 과학자, 수학자이기도 한 그는 떠오르는 생각을 그림과 기록으로 많이 남겼다. 사생아로 태어나 정규교육을 제대로 받지 못한 탓에 어릴 때부터 주변에서 벌어지는 일들을 보고 끼적거리는 습관을 익혔다. 이 습관은 메모광으로 이어졌다. 다 빈치의 기록은 자칫 역사에 묻힐 뻔했다. 프랑스혁명 당시 나폴레옹Napoléon Bonaparte이 우연히 보게 되면서 연구자의 손에 넘겨졌다. 연구 노트는 23권에 이르고, 자필 원고 분량만 약 7천 페이지에 달한다. 노트에는 비행기의 원리, 기중기, 자동 드릴을 포함한 수많은 발명품이 스케치되어 있다.

　뉴턴 역시 방대한 메모로 유명한 과학자였다. 그의 메모는 물리학, 수학, 연금술 등 다양한 분야에 걸쳐 있으며, 생각을 빠짐없이 기록하고 발전시켰다. 토머스 에디슨Thomas Alva Edison도 메모광으로 유명했던 발명가로, 아이디어가 떠오르면 즉시 수첩에 기록하고 스케치하여 보관했다. 에디슨이 남긴 메모는 현재까지도 혁신과 아이디어 관리의 모범 사례로 꼽힌다. 마이크로소프트를 세운 빌 게이츠는 책의 여백에 빽빽하게 메모를 적으며 독서의 효과를 높이는 것으로도 유명하다.

이들은 자신의 아이디어와 지식을 정리하고 연결하는 데 메모의 중요성을 누구보다 잘 이해하고 활용한 인물들이다. 《습관의 재발견》의 저자 스티븐 기즈는 이렇게 말했다. "기록으로 남기는 것은 다른 어떤 생각보다도 우선시된다. 자신이 무언가를 실행하는 것을 보는 것만큼 의욕적인 일은 없다"라며 메모의 힘을 설명했다. 이것이 바로 작은 행동의 힘이다.

세계적인 베스트셀러 작가인 세스 고딘Seth Godin은 그의 저서 《이카루스 이야기》The Icarus Deception에서 예측하기 힘든 경제 환경에서 살아남으려면 "정해진 규칙 없이 시도하라"라고 조언하는데, 글쓰기도 마찬가지다. 그가 제안하는 것은 단순하다. 블로그에 글을 써라. 그것이 어렵다면 SNS에 이런저런 글이라도 올려라. 세스 고딘은 이를 한마디로 압축한다. "글을 잘 쓰고 싶다면 그저 쓰는 것이 최선입니다." 쓰기에 있어서 메모보다 더 작은 행동이 있을까?

좋아하는 일 중 어떤 것은 적성이 된다

책을 쓰기까지 '연결된 점'을 되돌아보았다. 나는 어떻게 하다가 책을 쓰게 되었을까? '지금 이 순간'의 중요성에 눈을 뜬 계기는 스티브 잡스의 연설이었다. 나는 '죽음'에 대한 메시지에 꽂혔다. 지난날에 대해 생각나는 대로 쓰다가 처음으로 내 이름이 박힌 책을 냈다.

일련의 과정은 흥분으로 가득 찬 몰입의 시간이었다. 큰 계획 없이 시작한 일이 눈에 보이는 결과물로 나왔다. 그 자체로 감동이자 자신에 대한 재발견이었다. 이후에 나에게 찾아온 무수한 기회는 어리둥절할 정도였다. 그때 나의 관심은 잡스가 말한 또 다른 메시지 '점의 연결'로 자연스레 '연결'되었다.

나는 고작 한번 해봤을 뿐이다

'점의 연결'은 내내 나의 화두였다. 남들에게 미치도록 알리고 싶었다. '어떤 방식으로 글로 쓸까?' 구성에 대한 고민은 무려 1년이나 걸렸다. 그런데 우연히 한 매체에서 블로거로 활동하면서 어이없을 정도로 쉽게 풀렸다. 그동안의 많은 생각보다 쓰면서 건져 낸 아이디어가 훨씬 도움이 되었다. 바로 연결의 시작, 즉 점(실천)의 중요성을 새삼 깨달은 것이다.

그렇다고 해서 글을 쓰기 위한 노력이 없었다는 것은 아니다. 난 수시로 메모를 했다. 제목 후보만 30여 개에 이를 정도였다. 뭔가 좋은 아이디어가 있으면 지인들한테 "이거 어때?" 하고 물어봤다. 그렇게 쌓인 메모는 훗날 글을 쓰는 데 더없이 좋은 재료가 됐다. 신기한 것은, 당시 괜찮다고 생각했던 것은 묻히고, 별로라고 생각했던 메모가 오히려 글에 기여를 많이 했다는 것이다.

사실 연결의 관점에서 보면 그렇게 이상한 일은 아니다. 우리가 미래를 뚜렷이 알 수 없듯이, 책을 써 나가는 과정도 마찬가지다. 애초 계획했던 목표대로 써지는 글은 의외로 적었다. 글 자체가 살아 있는 생명체 같은 느낌이었다.

그리고 하나 고백할 일이 있다. 사람들은 곧잘 내가 매체에 올린 글을 보고 "어쩜 그리 글을 잘 쓰세요?"라고 묻기도 하는데, 나는 이럴 때마다 얼굴이 화끈거린다. 나는 글을 쓸 때 최대한 단문을 활용한다. 글을 잘 쓰지 못하기 때문이다.

이나마 이렇게라도 쓸 수 있는 것도 다큐멘터리를 하면서 우연히 원고를 많이 쓰게 된 덕분(?)이다. 왜 그리 복이 없었던지 같이 일하는 작가들은 툭 하면 일을 그만두었다. 몸이 아파서, 더 좋은 제안을 받아서, 혹은 나와의 다툼 끝에. 내가 해야 할 일은 직접 '쓰기'였다. 지금 돌아보니 이 또한 '점의 연결'이 아닌가 하는 생각이 든다. 어쨌든 지금 실력으로 만연체의 문장을 쓴다는 건 나에게 매우 힘든 일이다. 조금이라도 멋을 부리려고 하면, 앞 문장과 뒤 문장이 꼬이기 일쑤다. 그런데 하나 자신 있게 말할 수 있는 건, 짧은 글을 많이 쓰면서 실력이 일취월장했다는 사실.

또 하나 고백을 하자면, '내가 어쩌면 훗날, 전업 작가가 될지도 모른다는 생각'도 종종 한다.(심지어 소설을 쓰고 싶다는 생각도 자주 찾아온다.) 매슬로의 말대로 인간의 가능성은 무한하지 않은가! 내 인생의 궁극적 지향이 어디인지는 나도 모른다. 오히려 그걸 즐기고 있다고 말하는 편이 훨씬 더 솔직할 것이다.

🌳 적성에 대한 커다란 오해

대학을 졸업하고도 자신의 적성을 모르겠다며 우울해하는 사람이 적지 않다. 이들에게 위로의 한마디를 건넨다면 '대부분이 비슷한 고민을 한다'는 것. 취업을 하고 나서도 적성에 대해 고민하는 사람은 생각보다 훨씬 많다. 인생을 한참 산 50대 중에서도 지나온 길을 후회하는 사람이 부지기수다.

고민이 이직으로 연결되려는 지점에서는 그 강도가 더 세다. 비록 대안은 찾지 못했어도, 지금 하고 있는 일이 자신에게 맞지 않는다는 건 확실히 느꼈기 때문이다. 그들은 "적성을 모르니까 좋아하는 일을 찾기도, 무언가에 매진하기도 힘들다"라고 고충을 호소한다. 어릴 때부터 '적성'보다 '성적'을 강조하는 나라에서는 이런 슬픈 풍경이 아주 일반적이다. 물론 나 또한 그런 피해자였다.

일을 순리대로 돌려놓으려면 먼저 적성에 대한 오해를 바로잡아야 한다. 적성에 대한 정의가 상당히 왜곡되어 있기 때문이다. 간단히 확인하는 방법이 있다. "당신의 적성이 무엇인가요?"라고 물어보면, 꽤 많은 사람이 부담스러워한다. 적성이라고 하면 남과 비교해서 뭔가 빼어나야 한다고 생각하는 게 일반적이다.

그러나 이는 큰 착각이다. 적성은 비교의 대상이 타인이 아니라 자신에게 있다. 즉 자신이 가진 여러 가지 소질 중에서 가장 두드러진 잠재력을 말한다. 쉽게 말해 '말을 잘한다', '사람의 마음을 잘 본다', '몸을 움직이는 걸 좋아한다', '음악 감각이 좋다', '논리적이다' 등, 이 모든 평가 항목이 자기 안에 있고 평가도 자기가 하는 것이다.

적성에 대한 두 번째 오해는 '적성은 변치 않는다'는 믿음이다. 적성을 마치 깊은 바다에 숨어 있는 단단한 진주처럼 생각하는 것이다. '다중지능이론'을 주창한 하워드 가드너 Howard Gardner 교수는 "적성은 어느 정도 타고나지만 쓰지 않으면 발현되지도 않는다"라고 말한다. 이것은 제1의 적성이 외부 노출과 사람과의 상호작용에 따라 얼마든지 바뀔 수 있다는 것을 뜻한다. 투자의 귀재 워런 버핏 Warren Buffett 처럼 어릴 때부터 무언가 팔기를 좋아했고 그 적성을 잘 키워 나간 경우도 많지만, 철학 교수에서 의사가 된 슈바이처처럼 전혀 다른 방향으로 변한 경우도 쉽게 찾아볼 수 있다.

세 번째 오해는 적성과 직업을 일대일로 연결할 때 빚어진다. 기자는 논리력, 피디는 창의력 이런 식이다. 한번은 글쓰기를 좋아하는 후배가 지방에서 상경한 적이 있다. 방송 작가에 대해 궁금한 게 많았던 터라 아는 피디라도 붙잡고 물어볼 요량이었던 것 같다. 그는 오래전부터 자신의 적성이 방송 작가에 있다고 믿고 있었다. 그러나 믿음은 얘기를 시작한 지 30분도 안 되어 금이 가기 시작했다. 몇 개의 고단할 법한 상황을 넌지시 알려 주는 것만으로도 충분했다. 물론 그는 글쓰기에 상당한 재능을 가지고 있었다. 그러나 글을 쓰는 직업은 다양하다. 글쓰기 하나만으로 관련 직업에 들어맞기를 기대했다면 이건 적성보다는 직업에 대한 이해 부족의 문제다.

이렇게 적성은 입체적인 속성을 가지고 있다. 언제나 변하기에 십상이며, 직업의 세계로 들어가면 관심과 재능은 훨씬 역동적으로 작용한다. 게다가 '적성'이라는 말은 추상적인 생각을 나타내는 개념어라 직관적으로 와 닿지도 않는다. 현실에서 구체적으로 적용되기 전까지는 그런 것 같기도 하고 아닌 것 같기도 한 게 적성이다. 그래서 먼저 부딪히는 게 가장 빠르다. 다시 말해, 적성을 찾으려면 행동이 먼저, 생각은 그다음이다.

🌳 지금 내가 좋아하는 일이 적성이다

어릴 때부터 일찍 재능을 보여 한길로 나가는 사람들이 있다. 살바도르 달리 Salvador Dali 는 유년 시절부터 미술 분야에서 특별한 재능을 보였다. 그는 어릴 때부터 그림 그리기에 큰 관심과 열정을 가졌으며, 10대 초반부터 뛰어난 기술과 창의성을 발휘해 주변 사람들의 주목을 받았다. 그의 부모는 일찍이 달리의 재능을 알아보고 이를 적극적으로 후원했다. 또한 달리는 그림뿐 아니라 글쓰기에도 능숙해 어린 시절부터 시와 에세이를 창작했고, 상상력이 풍부해 독특한 아이디어를 자주 표현한 것으로 알려져 있다. 그는 매우 호기심이 많고 예민한 성격을 지녀 주변 세계에 대한 관찰력도 뛰어났다. 다양한 영역에서 두각을 나타냈던 다재다능한 인물이다. 하지만 모든 이가 처음부터 명확한 길을 걷는 것은 아니다.

진로의 방향이 예상치 못한 곳으로 향하기도 한다. 찰스 다윈처럼 말이다. 의사 집안에서 태어난 찰스 다윈은 에든버러대학 의학부에 입학했다. 그러나 해부학 수업을 견디지 못하고 중퇴했다. 만약 의사의 길을 걸었다면 진화론은 세상에 나오지 못했을지도 모른다.

같은 맥락에서, 패션 디자이너 조르지오 아르마니 Giorgio Armani의 이야기도 흥미롭다. 그는 이탈리아 명문 의대 출신이다. 그가 패션에 눈을 돌린 건 아이러니하게도 의사라는 직업에 아주 가까이 다가갔을 때다. 군대에 입대 후, 의무실에 배치된 지 얼마 되

나는 고작 한번 해봤을 뿐이다

지 않아 병영 내 독감이 돌았는데, 그는 들이닥치는 많은 병사에게 엄청난 양의 주사를 놔야 했다. 아르마니는 이 상황에 질려 버렸고, 그때 의사라는 직업이 자신과 맞지 않는다는 생각을 처음으로 하게 되었다고 한다. 그 일이 있고 얼마 뒤, 휴가를 나왔는데, 돈을 벌 생각으로 백화점에서 사진사로 아르바이트를 했다. 그게 인연이 되어 제대 후에는 남성복 구매 담당 보조로 일하게 된다. 이곳에서 상품을 배치하는 일을 하면서 점차 패션에 관심을 두게 된다. 그는 옷을 고르는 감각이 탁월하다는 주위의 인정을 받았고, 마침내 1964년 본격적으로 남성복 디자이너라는 평생의 길을 걷는다. 흥미로운 건, 그가 패션을 선택한 이유가 명확한 '꿈'이 아니라 단지 생계 때문이었다는 점이다. 하지만 해 보니 잘했고, 점차 좋아하게 되었다. 그가 타고난 재능은 무엇이었을까. 아르마니의 친할아버지는 가발을 만드는 장인이었고 외할아버지는 가구를 만들었다. 양쪽의 피를 이어받았는지 아르마니는 어려서 손재주가 뛰어났다. 의사가 되기에도 좋은 재능이었을 테다. 하지만 그는 경험을 통해 재능에 더해 자신도 미처 몰랐던 열정을 깨워 낸 것이다.

몬테소리 교수법의 창시자 마리아 몬테소리Maria Montessori는 이탈리아 여성으로는 최초로 의대에 입학했다. 하지만 여성이라는 이유만으로 많은 차별을 받았는데, 일부 수업에서는 배제되는가 하면, 졸업 후에도 당시 인기가 없던 정신병원의 보조 의사로 출발할 수밖에 없었다. 그런데 정신병원에서 뜻밖의 발견을 한다. 아이들에게 필요한 건 치료가 아니라 '교육'이라는 깨달음이었다. 지적장애 아이들은 그녀의 예상보다 훨씬 민감했다. 아이들은 바닥에 떨어진 부스러기를 갖고 노는 것만으로도 감각 수준이 높아지는 존재였다. 이에 착안한 몬테소리는 놀잇거리를 만들기 시작했고, 그러면서 아이들이 변해 가는 모습을 세밀히 관찰했다. 교육적 효과는 빨리 나타났다. 교육에 대한 열정은 그녀를 다시 대학으로 향하게 했고, 대학에서 심리학과 철학을 공부한 뒤 본격적으로 교육자의 길로 들어선다. 이후 몬테소리의 관심은 장애아를 넘어 전 아동까지 확대되었고, 그녀가 개발한 아동 교육법은 오늘날까지 전해지고 있다.

진로의 전환이 단 한 번이 아닌, 여러 번 반복된 인물도 있다. 바로 슈바이처 Albert Schweitzer다. 그가 어릴 때 두각을 나타낸 분야는 음악이었다. 재능은 오랜 기간 이어졌고 성인이 되어서도 뛰어난 오르간 연주가였을 뿐만 아니라 파이프 오르간 구조에 대한 논문도 집필할 정도로 깊은 전문성을 보였다. 그러나 대학에서는 본인이 더 좋아하는 신학과 철학을 공부하며 스물일곱 살에는 철학 교수가 되었다. 의사가 되겠다고 결심한 것은 스물아홉이 되던 1905년이었다. 프랑스 선교단의 보고서를 통해 아프

나는 고작 한번 해봤을 뿐이다

리카의 흑인들이 의사가 없어 고통 받고 있다는 것을 알게 된 때부터다. 소명 의식이 깨어났고 철학에서 의학으로 눈을 돌리게 됐다. 슈바이처는 이듬해에 공부를 다시 시작해, 마침내 서른여덟에 의학박사 학위를 받고 아프리카로 건너가 나병 환자를 위해 병원을 세우게 된다. 슈바이처의 적성에 대해 생각해 보자. 그는 총 네 개의 직업을 거쳤다. 익히 알려진 의사 외에도 신학자로서 종말론을 설파했고, 철학자로서 칸트 Immanuel Kant 를 연구했으며, 최고 수준의 오르간 연주자로 활동하기도 했다. 중요한 건 모든 과정에서 만족한 삶을 살았다는 것이다. 이런 슈바이처에게 제1의 적성을 묻는 것이 의미가 있을까? 그때 가장 좋았던 것이 제1의 적성이었을 테니 말이다.

적성이란, 어느 날 갑자기 깨닫는 것이 아니라 지금 내가 좋아서 몰입하고 있는 것에서 자란다. 어릴 적 재능을 따라 곧장 가는 이도 있고, 피로 속에서 진로를 수정하는 이도 있으며, 무심코 시작한 일에서 운명을 발견하는 이도 있다. 결국 중요한 건 '지금 이 순간, 내 마음이 가는 방향'이다. 적성은 머리로 정하는 것이 아니라, 몸과 마음이 움직이는 곳에 있다. 그런 면에서 적성은 지금 내가 좋아하는 일이 가장 가까운 속성이지 않을까?

예측 불가능을 뚫고 가는 힘, 자기 효능감

혁신 이론의 세계적 권위자인 뉴욕대학의 멜리사 실링_{Melissa Schilling} 교수는 저서 《괴짜들의 비밀》_{Quirky}에서 연속적으로 혁신을 이룬 사람들의 공통점을 분석했다. 그것은 다름 아닌 성공 경험이다. 성공 경험은 한 사람의 인생에서 자기 효능감을 높이고 미래를 향한 용기를 불러일으키는 중요한 촉매제다.

자기 효능감은 특정 상황에서 자신이 필요한 행동을 성공적으로 수행할 수 있다는 자신의 능력에 대한 믿음이다. 이는 실제 능력보다는 자신이 할 수 있다는 인식에 초점을 둔 개념으로, 심리학자 앨버트 반두라가 제시했다. 자기 효능감은 '나는 사랑받는 존재라는 느낌'과 더불어 자아 존중감을 떠받치는 중요한 축이 된다.

나는 고작 한번 해봤을 뿐이다

반두라는 자기 효능감을 높일 수 있는 네 가지 방법론을 제시했다.

❖ 성공 경험(직접경험)

문제를 해결하거나 과제를 수행한 경험은 가장 강력한 자기 효능감의 근원이다. 작은 도전, 작은 성취가 쌓이면서 자신을 믿게 된다.

❖ 대리 경험(관찰 학습)

비슷한 처지의 누군가가 성공하는 모습을 보면, 나도 할 수 있다는 확신이 생긴다. 위인전이나 동료의 성공 사례가 힘을 주는 이유다.

❖ 언어적 설득(격려와 피드백)

주변 사람들(가족, 친구, 동료, 상사 등)로부터 긍정적인 격려와 '할 수 있다'는 언어적 설득을 받으면 자기 효능감이 높아진다. 아이들의 자기 효능감을 키우는 데 효과적이다. 하지만 성인에게는 그리 효과적이지 않다. 아이들 또한 진정성이 없는 말은 효과를 기대하기 어렵다.

❖ 생리적·정서적 각성

긴장감 속의 집중, 에너지 넘치는 상태는 자기 효능감을 끌어올리는 데 도움이 된다. 반대로 불안이나 피로는 자신을 약하게 만든다.

이 중에서도 가장 핵심이 되는 것은 성공 경험이다. 특히 어릴 적에 얻은 작고 구체적인 성공 경험은 놀라운 힘을 발휘한다.

🌳 성공 경험이라는 마중물

미국의 정치가이자 발명가였던 벤저민 프랭클린은 이러한 성공 경험의 중요성을 잘 보여 주는 대표적인 인물이다. 16세 소년이었던 프랭클린은 형 제임스James Franklin가 발행하는 신문사에서 수습생으로 일하고 있었다. 그는 신문에 자신의 글을 싣고 싶었으나, 형이 어린 동생의 글을 받아 줄 리 없다고 판단하고, 익명의 중년 여성 '사일런스 두굿Silence Dogood'이라는 필명을 만들어 글을 투고하기 시작했다. 1722년 4월부터 10월까지 프랭클린은 무려 열네 차례에 걸쳐 이 가명으로 편지를 써서 인쇄소 문틈 아래로 몰래 넣었다. 프랭클린의 글은 단순한 호기심을 넘어 대중의 공감을 얻었고, 독자들이 점차 늘어나면서 그의 글은 신문에 연재되었다. 이후 그는 자서전에서 당시의 뿌듯한 감정을 생생히 회상했다. 이 작은 성공 경험은 프랭클린에게 단순한 기쁨을 넘어 큰 용기를 주었다. 이를 계기로 그는 정치, 윤리 등 다양한 분야에서 과감하게 자기 견해를 피력하기 시작했고, 결국 자신만의 신문사를 운영하며 진정한 글쓰기를 통해 세상을 바꿀 수 있는 혁신가로 성장하게 되었다.

나는 고작 한번 해봤을 뿐이다

프랭클린 외에도 많은 혁신가가 어린 시절의 성공 경험을 발판으로 성장했다. 일론 머스크Elon Musk는 12세 때 직접 개발한 비디오 게임을 판매했고, 토머스 에디슨 역시 십 대 시절부터 신문 판매 사업으로 성과를 거두며 초기 성공 경험의 중요성을 입증했다.

스티브 잡스는 1970년대 초반 스티브 워즈니악Steve Wozniak과 함께 만든 '블루박스blue box'가 없었다면 훗날 애플도 없었을 것이라고 말한다. 블루박스는 미국 전화 시스템의 허점을 이용해 장거리 전화를 무료로 걸 수 있게 해 주는 전자장치다. 블루 박스는 불법이었고, 이 장치를 사용하거나 판매하다가 적발된 이들도 있었다. 하지만 이 발명품은 잡스와 워즈니악에게 '작은 장치 하나로 세상을 바꿀 수 있다'는 신념을 심어 준 계기가 되었다.

이들 사례는 크기와 상관없이 자신이 한 번이라도 무언가를 이루어 냈다는 경험이 미래의 더 큰 성공을 위한 강력한 원동력이 될 수 있음을 보여 준다.

연구를 요약하자면, 자기 효능감을 높이기 위한 가장 효과적인 방법은 직접 성공 경험을 쌓는 것이다. 이를 위해서는 해결 가능하면서도 적절히 도전적인 문제를 선정해 일찍부터 성취감을 느끼도록 해야 한다. 또한 다른 사람들이 어려운 문제를 극복하는 모습을 지켜보는 간접경험 역시 자기 효능감을 끌어올리는 데 유용하다.

🌳 실패하거나 좌절했을 때

성공 경험의 중요성은 자기 효능감을 높이는 핵심적인 방법이 된다는 데 있다. 하지만 성공 경험의 반대 경험, 즉 실패 경험을 어떻게 봐야 할까.

화가 나거나 주눅 들어 평소의 감정과 다를 때 우리는 내적 평안을 위해 본래 상태로 돌아가야 할 필요가 있다. 심리학에서는 이를 '회복 탄력성'이라고 한다. 회복 탄력성은 실패하거나 좌절했을 때 스트레스를 극복하고 원래 자리로 돌아오는 힘을 말한다.

이를 위해서는 스스로 부정적 감정을 통제하고(감정 조절), 충동을 다스리며(충동 억제), 자신이 처한 상황을 파악하여 대처 방안을 찾아낼 수 있는(원인 분석) 능력이 필요하다. 이런 능력의 총체적 결합이 자기 조절 능력이다.

나는 고작 한번 해봤을 뿐이다

절대 쉽지 않은 능력이다. 하지만 작은 시도는 이런 어려운 상황에서 상대적으로 자유롭다. 실패 혹은 좌절이라고 할 만한 감정의 낙폭이 적기 때문이다. 이른 나이의 성공 경험과 그로 인한 자기 효능감의 매력은 실패를 다스리기 위해 큰 감정을 쏟지 않아도 된다는 데 있기도 하다.

불확실한 시대를 위한
스토아 철학의 지혜

"인생 기술이란 춤보다 씨름에 더 가깝습니다." 2천 년 전 로마의 황제 마르쿠스 아우렐리우스Marcus Aurelius Antoninus가 남긴 이말은 오늘날 우리에게도 여전히 유효하다. 인생은 우아한 춤보다는 끊임없이 균형을 잡고 때로는 넘어지고 다시 일어나야 하는 씨름에 가깝다. 이 씨름의 기술을 익히는 것이 바로 삶의 지혜이다.

그는 치열한 전투 중에도 틈틈이 자신의 내면을 성찰하며 글을 썼다. 이 기록들이 모여 《명상록》Meditations이 탄생했다. 이 책의 원제인 "Ta eis heauton"(자기 자신에게로)에서 알 수 있듯, 아우렐리우스는 끊임없이 자신과 대화하며 두려움을 이겨 냈다.

나는 고작 한번 해봤을 뿐이다

《명상록》은 단순히 개인의 일기가 아니라 삶을 위한 훈련 지침서에 가깝다. "매 행동거지를 생의 마지막이라 여기라"라는 그의 충고처럼, 이 책은 우리를 절제된 삶과 본질에 집중하도록 이끈다. 12권으로 구성된 이 책에서 1권은 아우렐리우스가 본받은 인물들에 대한 감사의 기록이고, 나머지 권들은 전쟁터에서 떠오르는 생각을 기록한 글들이다. 이 때문에 얼핏 보면 어수선할 수 있지만, 후대의 학자들이 체계화하여 의미를 더했다.

스토아 철학자인 에픽테토스Epiktētos는 《명상록》을 세 가지 훈련으로 나누어 정리했다. 〈철학 훈련〉은 관찰력을, 〈선택 훈련〉은 결단력을, 〈관리 훈련〉은 절제력을 키우는 것이 목표다. 그 중에서도 특히 '선택의 보류 조건'이라는 개념이 눈에 띈다. 아우렐리우스는 우리가 선택할 때 반드시 '보류 조건'을 설정해야 한다고 강조한다.

'보류 조건'은 우리가 통제할 수 없는 영역을 인정하고 받아들이기 위해 중요한 개념이다. 이것은 기독교의 '데오 볼렌테D.V., Deo Volente(하나님 뜻이라면)'나 이슬람의 '인샬라(신의 뜻대로)'와 같은 개념과도 연결된다.

키케로Marcus Tullius Cicero의 '궁수의 비유'는 이를 명확히 설명한다. 궁수는 과녁을 맞히기 위해 최선을 다해 활을 쏘지만, 실제 명중 여부는 궁수가 통제할 수 없는 영역이다. 바람, 외부 변수 등 통제할 수 없는 요소들은 과감히 내려놓고, 궁수는 오직 자신이 통제 가능한 훈련과 준비에 집중해야 한다. 즉 보류 조건은 단지 체념이 아니라, 목표와 방향을 명확히 하고 자신의 힘을 집중하는 전략이다.

아우렐리우스는 또한 장애물을 바라보는 관점의 전환을 제안한다. 장애물이 없는 것이 평온을 주는 게 아니라, 장애물을 잘 활용하면 오히려 새로운 길이 열릴 수 있다고 말한다. 결국 중요한 것은 우리가 관리할 수 있는 것에 집중하고 나머지는 담담히 받아들이는 것이다.

《명상록》은 복잡하고 불확실한 현대사회를 살아가는 우리에게 삶의 본질에 집중하고 불필요한 것을 내려놓는 법을 가르친다. 빌 클린턴, 원자바오를 비롯한 세계 리더들과 실리콘밸리의 혁신가들이 이 책에 매료된 이유가 바로 여기에 있다.

나는 고작 한번 해봤을 뿐이다

🌳 해 보기 전까지는 모른다

약점도 마찬가지다. 우리가 관리하기 힘든 약점에 집중하는 것보다 강점에 주목하는 것이 더욱 현명한 삶의 자세다.

마틴 셀리그만 교수는 전통적 심리학이 관심을 가졌던 인간의 약점 대신 강점에 주목해서 긍정 심리학을 탄생시켰다. 그는 진정한 행복의 비밀은 바로 자신의 강점 활용에 있다고 강조한다. 다시 말해 모든 인간은 강점과 약점이 있는데, 억지로 약점을 극복하려 애쓰는 대신, 강점을 찾아 생활에 통합시키면 긍정적인 태도를 유지할 수 있고 더 나은 삶을 살 수 있다고 말한다.

셀리그만이 스스로 꼽는 강점은 학생들을 잘 가르치는 일이다. 그는 복잡한 개념을 간단명료하게 정리해서 알려 주면 마음 깊은 곳에서 기쁨이 솟구친다고 한다. 반면 사람들을 조직하거나 회의를 주재하는 일은 그럭저럭 해내기는 해도, 기운이 솟기는커녕 맥이 풀린다고 한다.

약점을 보완하려고 아무리 노력해도 강의를 할 때만큼의 큰 보람을 느낄 수 없다. 이렇게 놓고 보면 스스로 어디에 에너지를 집중해야 하는지 답이 나온다.

'인간은 약점보다 강점에 힘을 써야 한다'는 것을 깨닫게 해 준 것은 그의 딸이었다. 다섯 번째 생일을 맞은 딸은 이렇게 말했다. "제가 자주 우는 울보지만 다시는 징징거리면서 울지 않겠다고 결심했어요. 그런데 그건 제가 했던 어떤 일보다 훨씬 힘들어요. 만일 제가 이 일을 해내면 아빠도 신경질 부리는 일을 그만둘 수 있을 거예요." 자신의 문제점을 정확히 짚어 내는 딸의 말에 그는 망치로 한 대 얻어맞은 듯한 느낌이었다. 그때 셀리그만은 '아이를 키운다는 건 그 아이가 지닌 단점을 고치는 게 아니라는 사실'도 깨달았다.

약점에만 집중하면 정신적 에너지를 빼앗겨 정작 강점을 발견할 기회를 놓친다. 물론 강점은 축소하고 약점은 부풀려 보는 게 보통 인간의 마음이다. 특히 경쟁이 심한 사회에서는 자신의 약점에 집중하도록 무언의 압력을 받는다. 그래서 잘하는 것에 관심을 두고 더 열심히 하기보다, 못하는 것을 끌어올리는 데 온 에너지를 동원한다. 그러다 보니 강점 개발에 쓸 에너지가 부족한 것이다. 그런데 문제는 개인의 강점이라는 것이 발견하기 참 어렵다는 것이다.

미국의 사상가 랠프 월도 에머슨은 "자신의 잠재력과 본성은 스스로 시도하기 전에는 결코 알 수 없다"라는 명언을 남겼다.

나는 고작 한번 해봤을 뿐이다

자기를 이해한다는 것이 그만큼 어렵다. 안다고 생각한 것도 몇 번 해 보면 다르다고 느끼는 경우가 허다하다. 청년들의 조기 이직이 대표적인 경우다. 이직하는 사람들이 토로하는 주원인은 적성이다. 한국경영자총협회가 발표한 대졸 신입 사원들의 1년 내 퇴사율을 보면 중소기업은 30%, 대기업도 10%에 이른다. 자기를 알기 위해서는 작은 행동들을 많이 해야 한다.

어른들이 아이들의 적성을 찾을 때 가장 좋은 방법은 아이가 어떤 일을 할 때 자주 몰입하는지를 관찰하는 것이다. 아이가 "벌써 시간이 그렇게 됐어?"라고 물어볼 때 손과 이마에 살짝 땀이 나거나, 그 일을 더 잘하기 위해 남다르게 노력하는 모습을 보인다면 충분히 몰입했다는 증거다.

그 사람을 더 솔직하게 보여 주는 것은 심층 인터뷰의 결과가 아니라 그가 보이는 행동이다. 강점과 약점의 발견 역시 마찬가지다. 뇌가 아닌 몸으로 판단해야 한다.

약점의 재발견

나는 보통 사람들보다 많은 것을 기억해 낼 수 있다. 예를 들면 이렇다. "우리 애가 처음으로 뒤집었을 때가 언제였지?" 하고 아내가 물어보면, 나는 "만 5개월 꼭 채웠을 때!"라고 자신 있게 말할 수 있다. 이 밖에도 한 번 갔던 음식점 이름, 동행했던 사람들, 그리고 특히 중요한 날짜는 웬만하면 놓치지 않는다.

기억력이 좋아서 그런 것이 아니다. 오히려 좋지 않기 때문에 가능한 일이다. 친한 친구들에게 자주 듣는 타박이 있는데, 나에게는 '똑같은 걸 또 물어보는 버릇'이 있다고 한다. 말해 놓고 금세 잊어버리는 것이다. 어느 날은 진지하게 생각해 본 적이 있다. 난 왜 이리 쉽게 잊어버릴까? 살길을 궁리하다 나온 게 메모

나는 고작 한번 해봤을 뿐이다

습관이다. 난 보통 사람들보다 두 배 정도는 메모를 더 많이 한다. 가령 내일 스마트폰 AS를 받는다면 그 날짜 역시 기록할 것이다. 가끔은 귀찮기도 하지만, 피곤함보다 득이 훨씬 크다. 어떤 이들은 PC의 바탕화면을 온갖 폴더로 장식하기도 하는데, 이런 사람들은 대개 기억력이 좋다. 아무렇게나 늘어놓아도 금방 찾아갈 수 있다. 나도 그랬다면 굳이 불편함을 감수하지 않았을 거다. 결국 내가 이만큼 기억할 수 있는 비결은 나쁜 기억력 덕분이라고 할 수 있다.

🌳 약점이 나를 짓누를 때

마스시타 고노스케가 일본 굴지의 그룹 총수가 되었을 때다. "성공 비결이 무엇인가요?"라는 질문에 이렇게 말했다. "그렇게 묻는다면 나는 첫째, 부유하지 못했고 둘째, 건강하지 못했고 셋째, 배우지 못했기 때문이라고 말할 것입니다. 아버지의 파산으로 가난했기 때문에 어린 시절부터 세상살이에 필요한 경험을 쌓았고, 허약함은 건강의 중요성을 깨닫게 해 주었으며, 학교를 제대로 마치지 못했기 때문에 모두에게 배우려는 긍정적인 자세를 갖고 살았습니다." 일명 고노스케의 '3무 정신'이다. 그는 자기에게 찾아온 불행을 '큰 은혜'라고까지 표현했다.

오프라 윈프리Oprah Gail Winfrey의 어린 시절 꿈은 제2의 바바라 월터스Barbara Walters가 되는 것이었다. 바바라 월터스는 당시 방송계의 '전설'이었다. 특히 탁월한 인터뷰 능력으로 ABC 뉴스의 신뢰성을 높인 일등 공신으로 그녀를 꼽는 데 누구도 이견을 제기하지 않을 정도였다. 윈프리는 일찌감치 자신의 꿈을 향해 질주하고 있었다. 열일곱 살에 지역 라디오 방송국에 발탁되어 뉴스 리포팅을 시작했으며, 스물두 살이던 1976년에는 볼티모어의 방송사에서 저녁 뉴스 공동 진행을 맡았다.

그러나 뉴스에 감정을 담아 전달하는 방식 때문에 끊임없이 자질 논란이 빚어졌고, 사회 분위기도 그녀에게 우호적이지 않았다. 1970년대 흑인 여성에 대한 차별은 방송국도 예외가 아니었는데, 뉴스 연출자는 아예 대놓고 외모를 비하했다. 심지어 얼굴을 바꿀 수 없다면 헤어스타일이라도 고치라고, 그녀를 뉴욕에 있는 헤어살롱으로 보내기도 했다. 그 과정에서 헤어 디자이너의 실수로 머리카락이 거의 다 빠지는 참사가 일어났다. 결국 이 사고가 발단이 되어 1977년 윈프리는 자신이 저녁 뉴스 앵커 자리에서 빠지게 됐다는 통보를 받는다.

불행 중 다행인 것은 새로 부임한 빌 베이커Bill Baker 국장이 그녀에게 어울리는 프로그램을 생각해 냈다는 것이다. 신설된 모닝 쇼 〈피플 아 토킹〉People are Talking이 그것이다. 국장은 "당신은 훌륭한 토크쇼 진행자가 될 겁니다"라고 격려했지만 오프라 윈 프리는 눈물을 흘리며 말했다. "빌, 제가 하고 싶은 건 뉴스 진행 이에요. 토크쇼에는 관심이 없다고요."

그러나 첫 방송 후 그녀는 토크쇼 진행이 자신에게 너무나 잘 맞는다는 사실에 놀라지 않을 수 없었다. "토크쇼를 처음 진행 하던 날은 집에 온 것처럼 편안했고 그 일이 숙명처럼 느껴졌어 요." 그녀의 감을 증명하듯 프로그램은 대성공을 거뒀다. 오프 라 윈프리는 이 프로그램을 6년간이나 진행했고 시청자들도 오 프라에게 열광했다. 1983년에는 〈에이엠 시카고〉AM Chicago로 옮 겼다. 당시 이 프로그램은 시카고에서 가장 낮은 시청률의 토크 쇼였는데, 오프라 윈프리가 맡은 지 한 달 만에 미국 최고의 토 크쇼 〈필 도나휴 쇼〉The Phil Donahue Show를 앞질렀다. 그리고 3년 뒤 에는 미국 전역에 동시 방송되며 미국 방송사 역사를 새로 쓰게 된다.

뉴스 앵커에서 토크쇼 진행자로의 변화는 사실 예견된 일이었 다. 《신화가 된 여자 오프라 윈프리》Oprah Winfrey Speaks의 저자 재닛 로우Janet Lowe에 따르면 한때 언론 관계자들은, 뉴스 리포팅에도 감정을 섞기 일쑤였던 그녀가 진행을 계속할 수 없을 것으로 예측했다고 한다. 그런데 감정적인 성향이 오히려 토크쇼에는 약점이 아닌 강점으로 작용한 것이다. 그녀는 솔직하고 거침없었으며, 누구나 무장 해제시킬 수 있는 탁월한 그녀의 공감 능력은 다양한 사례에서 드러났다. 성폭행 피해 여성과의 토크쇼 자리에서 자신의 성폭행 피해 경험을 털어놓는가 하면, 세상과 담을 쌓고 살던 마이클 잭슨이 본인의 불우한 어린 시절도 고백하게 함으로써 그를 양지로 끌어냈다.

그녀가 진짜 자신의 재능을 발견한 것은 생각의 힘이 아닌 '경험의 힘'이다. 만약 뉴스에서 도중 하차하지 않고 약점을 조금씩 보완해 나갔다면 어땠을까? 어쩌면 오늘날 우리가 아는 오프라 윈프리는 존재하지 않았을지도 모를 일이다.

지나고 보니 점의 연결이었다

세계적인 침팬지 연구학자인 제인 구달Jane Goodall은 집이 가난해서 대학에 갈 수 없었다. 돈을 벌기 위해 아르바이트를 하던 중 친구의 초대로 케냐에 가게 된 것이 그 운명을 바꾸어 놓았다. 제인의 나이 스물세 살. 그녀는 미지의 대륙을 향해 떠난다. 그곳에서 자신의 꿈을 이루어 줄 인류학자 루이스 리키Louis Leakey 박사를 만난다. 이야기를 이렇게 늘어놓으면 제인 구달의 성공이 온통 우연으로 점철된 것처럼 보일 수 있다. 하지만 그녀는 초등학교 때 친구들을 모아 자연 관찰 모임을 만들 만큼 동물과 자연을 좋아했다. 훗날 그녀의 기억으로 밝혀진 것이지만, 제인은 7세가 되던 해 어머니가 준 《둘리틀 선생 아프리카로 간다》 The Voyages of Doctor Dolittle라는 책을 잊지 못한다. 아프리카에 대한 동경은 아마 그때부터 심어진 것일지도 모른다.

무언가를 이루어 낸 사람의 흔적에 점을 찍고 그것을 연결하면 모든 것이 필연처럼 보인다. 하지만 시간을 되돌리면, 그때는 아무도 알 수 없는 그저 평범한 하루, 그 이상도 아니었을 것이다.

이처럼 예상 밖의 길이 인생의 전환점이 된 사례는 과학자 파울 크뤼천Paul Crutzen에게서도 발견된다. 오늘날 우리가 알고 있는 오존층 파괴의 메커니즘은 상당 부분 그에 의해 밝혀졌다. 그런데 고등학교 때만 해도 화학을 아주 싫어했다고 한다. 넉넉하지 못한 집안 형편으로 중학교 졸업 후 기술학교에 진학해 암스테르담 시의 교량건설국에 취업했다. 네덜란드의 운하를 담당하는 평범한 기술 공무원이었다. 그가 대기 과학자의 길을 걷게 된 건 컴퓨터 프로그래머를 뽑는 시험에 응시하면서부터다. 공고를 낸 곳은 스톡홀름대학의 기상학 연구소였다. 크뤼천은 일을 하며 틈틈이 대학 강의를 들었다. 그 덕분에 싫어하던 화학에도 관심이 생겼고 서른 살이 되던 해 기상학을 공부하는 대학원생이 되었다. 그곳에서 스승을 도우면서 본격적으로 과학자의 길을 걸었다. 그 길이 노벨 화학상이라는 영예까지 다다른 것이다.

아이러니는 삶에도 종종 나타난다. 세기의 과학자 뉴턴은 연금술사가 되고자 했다. 알리바바의 CEO 마윈은 사업과 거리가 먼 교사가 꿈이었다. 한 사람의 삶에서 꿈은 종종 바뀐다. 하지만 그토록 싫어하던 걸 좋아하게 되고 나아가 성공하는 이야기는 참으로 큰 아이러니다. 그중 어떤 사람의 아이러니는 세계사를 바꾸기도 한다.

윈스턴 처칠Winston Churchill은 흔히 정치가로만 알려졌지만, 사실 그는 노벨 문학상을 받은 문필가였다. 처칠은 1953년에 "역사 및 전기적 작품에서 뛰어난 서술력과 숭고한 인간적 가치를 지닌 뛰어난 웅변술을 보여 준 공로"로 노벨 문학상을 받았다.

그가 수상한 가장 결정적인 이유는 방대한 저서인 《제2차 세계대전》The Second World War 덕분이었다. 총 6권으로 이루어진 이 책은 당시 정치가의 회고록으로서는 이례적으로 대중적으로도 큰 성공을 거두었고, 문학적 가치 또한 매우 뛰어나다고 평가를 받았다. 이 책에서 처칠은 전쟁 당시의 경험과 상황을 사실적이면서도 생생한 문체로 그려 냈다.

그는 총리 이전부터 신문에 많은 에세이를 기고하고 소설과 역사서를 집필한 작가였다. 처칠은 학창 시절 대부분 과목에서는 뒤떨어졌지만, 역사와 국어만큼은 뛰어났다고 한다. 게다가 처칠은 엄청난 독서광이었다. 훌륭한 작가로서의 자질은 이미 가지고 있었던 것이다. 게다가 그는 끊임없이 글을 썼다. 군인이 되어 전장에 나가서도 글을 썼고, 기자가 되어 전 세계를 돌며 글로써 명성을 얻기 시작했다. 이러한 경험들이 그의 글을 풍성하고 생동감 있게 만들어 준 '점의 연결'이 된 것이다.

결국 처칠의 노벨 문학상 수상은 타고난 관심과 수많은 시행착오와 포기하지 않는 집념의 결과였다고 볼 수 있다. 이는 정치가로서의 그의 성공 뒤에 감추어진, 많은 사람이 잘 모르는 또 하나의 위대한 이야기다.

🌳 우연히 던진 점이 선이 되다

나쓰메 소세키는 작가가 아니라 영문학자가 되길 원했다. 일본 최고의 대학인 도쿄대학교에서 영문학을 공부했고, 이후 영국 런던으로 유학을 떠났다. 하지만 유학 생활에 적응하지 못하고 심한 외로움을 경험했다.

귀국 후 소세키는 대학에서 영문학을 가르쳤다. 겉으로는 안정적이었지만 내적으로는 영국에서의 실패감으로 계속 방황했

나는 고작 한번 해봤을 뿐이다

다. 심지어 신경쇠약에 시달리게 된다. 이 시기 지인이 주관하는 잡지사에서 작품을 기고해 달라는 제안을 받았다. 그는 병도 다스리고 용돈도 벌 겸 그 제안에 응했다. 가벼운 마음으로 고양이의 시각에서 인간 세상을 풍자하는 글을 써 보았다. 이렇게 탄생한 작품이 《나는 고양이로소이다》였다.

놀랍게도 이 소설은 큰 인기를 얻었다. 소세키는 소설가로서의 가능성을 처음 발견했다. 마침내 그는 교수직을 내려놓고 본격적인 전업 소설가의 길을 택했다. 나쓰메 소세키는 일본 근현대 문학의 아버지로 추앙받는다. 20세기 초 무렵에 활동했던 작가지만, 지금 읽어도 세련되고 위트 넘치는 문장으로 널리 사랑받고 있다.

나쓰메 소세키가 소설가가 된 과정은 특별하고 독특하다. 그는 원래부터 작가를 지망했던 게 아니었다. 하지만 지나고 보니 모든 것이 '점의 연결'이었다. 영국에서 경험한 문화적 고립감과 외로움은 훗날 작가가 되는 데 결정적인 영향을 미쳤다. 귀국 후 방황하던 시기가 무의미했던 것도 아니다. 그 시기 소세키는 깊은 자기 성찰의 시간을 가졌다. 기록에 의하면 소세키는 이미 11세에 친구들과 잡지를 만들 만큼 한문과 한시에 남다른 재주가 있었다.

소세키는 계획된 길이 아니라, 삶의 우연과 갈등, 내적 고민이 교차하는 가운데 소설가의 길을 찾았다. 그의 작품들이 지금까지도 깊은 공감을 불러일으키는 이유는 바로 이런 내면적 진실성과 솔직한 고민 때문이라 할 수 있다.

"그때는 몰랐다. 하지만 지금은 알겠다." 삶은 그때그때는 이해되지 않지만, 돌아보면 연결되어 있다. 우연 같았던 한 걸음이 나중에는 결정적인 전환점이 되었음을, 그들은 말해 준다. 그래서 우리는 완벽한 계획보다 지금 눈앞의 기회에 한번 해 보는 용기가 더 중요하다는 것을 알게 된다. 그 용기가 인생의 점을 찍는 순간이 되고, 그 점들이 훗날 우리를 설명하는 선이 되어 줄 것이다.

나는 고작 한번 해봤을 뿐이다

시작하는 용기 속에 기적이 숨어 있다

21세기 초 한국 가요계는 아이돌의 전성시대였다. 예쁜 걸 그룹이나 잘생긴 보이 그룹이 나와 일명 '군무'로 대중을 사로잡았다. 이 틈에서 볼품없는 몸매로 혼자 막춤을 춤을 추는 가수가 데뷔해, 연예계를 충격에 빠뜨렸다. 엽기 가수로 불리던 싸이다. 바로 그 이상한 댄스가 훗날 세계적인 스타를 만들 줄은 당시 아무도 상상하지 못했다. 그의 메가 히트작 〈강남스타일〉은 유튜브에서 불이 붙기 시작해 순식간에 세계를 뜨겁게 달궜다. 싸이는 어려서부터 노래를 잘하던 아이가 아니었다. 대신 재미있는 춤만큼은 자신 있었다. 그런데 그 계기가 더 재미있다. 학교 다닐 때 싸이의 관심은 여학생들에게 주목을 받는 것. 그러기 위해서는 잘생기거나, 공부를 잘하거나, 아니면 운동이라도 잘해야 하는데, 셋 다 해당 사항이 없었다. 싸이는 생각했다. '내가 가장 좋아하고 잘하는 게 무엇일까?' 그렇게 찾은 답이 독특하게 웃기는 춤이었다. 싸이는 해외 유학 시절 컴퓨터 통신에 올린 곡이 기획사 눈에 띄어 한국에 들어오게 됐다. 여기까지는 좋았다. 그런데 기획사 대표는 싸이의 외모에 실망한 나머지 데뷔 제안을 거둬들였다. 싸이는 잠시 절망했지만, 다시 자신에게 물었다. '지금 내가 할 수 있는 최고의 방법은 뭘까?' 그의 대답은 춤으로 승부하는 것이었다. 그러고 나서는 기획사의 회식이 있는 날이면 빠지지 않고 따라가 막춤을 유감없이 보여 줬다. 점차 기획사 사람들이 그의 매력에 반하게 되고 대표는 결국 그를 소속 가수로 받아 주었다.

비범한 성취는 특별한 재능이 아니라, 용기 내어 시작한 작은 시도에서 비롯된다. 괴테Johann Wolfgang von Goethe 역시 그랬다. 독일 문학의 거장 괴테는 어쩌면 평범한 변호사로 삶을 마감했을지도 모른다. 그는 어려서부터 외국어와 문학에 두각을 나타냈지만, 아버지의 권유로 대학에서 법학을 전공했다. 하지만 법학은 괴테의 마음에 전혀 감흥을 일으키지 않았다. 대신 의학, 역사, 미술, 과학 등 다양한 수업을 들었다. 대학을 졸업하고 고향으로 돌아와 변호사 개업까지 했지만, 점점 관심은 문학으로 기울었다. 결국 그는 《파우스트》Faust의 집필을 시작한다. 동시에 문인들과 교류하며 다양한 문학작품을 섭렵하고 습작했다. 이때 문학 활동은 그의 인생 전반을 결정하는 중요한 요소가 되었다. 괴테를 만든 것은 타고난 재능 외에도 꿈을 이루기 위한 꾸준한 노력이다. 그는 법학을 전공하면서도 글쓰기를 멈추지 않았고, 변호사를 개업하고도 집필을 시작했다. 괴테가 20대에 시작한 《파우스트》는 나이 여든이 넘어서 탈고했다. 한 작품을 쓰는 데 무려 60년 가까이 걸린 것이다.

　그러나 어떤 이는 시작부터 숱한 고난에 시달리며 길을 찾는다. 세르반테스Miguel de Cervantes가 그렇다. 서양 최초의 근대소설 《돈키호테》Don Quijote를 탄생시킨 세르반테스의 삶은 어쩌면 그의 소설보다 드라마틱하다. 어린 시절은 가난으로 비참했으며 정규교육도 제대로 받지 못했다. 군인이 되어 해전에 참여했으나, 부상으로 왼손에 장애를 입었고, 해적에게 잡혀 5년간 노예 생활 끝에 풀려났다. 그때가 33세였다. 귀국해서 그가 작심 도전한 직업은 소설가. 하지만 밥벌이는 시원치 못했다. 그래서 말단 관리가 되어 10년간 함대의 물자 담당관으로 일했다. 이 시기 비리에 연루되어 수차례 투옥되기도 했다. 투옥 중에도 그는 끊임없이 작품 구상을 했고 글을 썼다. 출옥 후에《돈키호테》1부를 출간했다. 이때 나이 58세. 세상의 인기를 얻었으나 저작권을 헐값에 넘기는 바람에 정작 돈은 벌지 못했다. 불운의 끝은 여기가 아니다. 인기 작가가 되었지만 억울한 누명을 쓰고 또 투옥 생활을 한다. 이렇듯 세르반테스는 마치 불행을 타고난 사람처럼 보였다. 하지만 포기하지 않았다. 적극적인 성격은 그를 다시 일어서게 했다. 《돈키호테》로 세르반테스는 오늘날 스페인의 국민 작가이자 셰익스피어, 괴테와 함께 세계 3대 문호로 평가받는다.

실패는 누구에게나 찾아온다. '쇼 비즈니스 업계 내에서 그들에게 장래는 없다'고 혹평하며 레코드 스튜디오 대표가 걷어찬 그룹은 역대 최고의 상업적 성공을 거둔 비틀즈The Beatles였다. 미키 마우스의 아버지 월트 디즈니Walter Elias Disney는 '상상력이 부족하다'는 이유로 광고 회사에서 해고당했다. 컴퓨터로 세계를 바꾼 스티브 잡스는 자신이 창업한 회사에서 무참히 쫓겨난 적이 있다. 우리는 그들이 세상에 알려지고 나서야 비로소 실패 역시 알려졌다는 데 주목할 필요가 있다. 성공의 뒷면에는 언제나 실패가 있다.

🌳 아직 인정받지 못했을 뿐

역사가 증명하는 또 하나의 진실은, 인정받지 못했다고 해서 실패는 아니라는 것이다. 니체Friedrich Wilhelm Nietzsche의 《차라투스트라는 이렇게 말했다》는 19세기 사상가들에게 엄청난 충격을 준 책이다. 근현대 예술과 사상에 니체가 미친 영향력은 광범위하다. 헤르만 헤세Hermann Hesse의 작품에 초인과 유사한 인물이 자주 등장하는 것은 니체로부터 받은 영향이다. 심리학자 카를 융Carl Gustav Jung은 니체의 책을 "인간 심리의 보물 창고"라고 말했다. 음악가 리하르트 슈트라우스Richard Strauss도 니체의 사상에 깊이 끌렸다. 하지만 《차라투스트라는 이렇게 말했다》출간 당시의 학계 반응은 냉담했다. 지나치게 어려운 데다가 다양한 상징과 소설 형식으로 풀어낸 철학서에 학자들은 낯설어했다.

코코 샤넬Gabrielle Chanel은 1920년대 패션 혁명을 일으킨 디자이너였다. 장식이 많던 당시 여성복 유행과 달리, 군더더기 없고 활동하기 편한 옷을 만들어 여성이 일터에서 자유롭게 움직일 수 있게 했다. 그녀의 혁명은 옷에서 시작해 향수로까지 이어졌다. 지금까지도 사랑받는 샤넬 N°5의 부드럽고 산뜻한 향은, 전 세계 여성에게 큰 인기를 끌었다. 하지만 전쟁이 모든 것을 바꾸었다. 사람들이 패션에 관심을 두지 않게 되자 샤넬은 45세의 나이에 디자이너 활동을 접었다. 전쟁이 끝난 후에는 여성의 몸을 꽉 조이고 화려하게 보이도록 하는 스타일이 유행했다. 이것은 샤넬이 추구했던 활동적인 여성을 위한 '전투복' 스타일과는 정반대였다. 70세의 나이에 샤넬은 다시 파리 패션계에 복귀했다. 자신의 철학인 활동성과 단순함을 되살리기로 했다. 하지만 1년간 준비한 패션쇼는 완전한 실패로 끝났다. 평론가들은 그녀의 작품을 "처량한 회고록"이라고 비웃었다. 그러나 샤넬은 낙담하지 않았다. 오히려 이 가혹한 평가에 더 큰 열정을 품었다. 그녀는 다양한 스타일의 옷을 계속해서 선보였고, 마침내 인정을 받았다. 하지만 그 인정은 프랑스가 아닌 미국에서 먼저 왔다. 1950년대 미국에서는 여성의 사회 진출이 활발했고, 그곳의 여성들은 샤넬의 활동적인 스타일을 열광적으로 받아들였다. 결국 그녀를 비웃었던 프랑스 패션계도 샤넬의 가치를 인정하게 되었다. 70대에 두 번째 전성기를 연 샤넬은 나이가 창의성의 종말이 아님을 증명해 냈다.

샤넬과 같은 세계적인 디자이너조차 처음에는 사람들의 웃음거리가 되었고, 촌스럽다는 평가를 견뎌야 했다. 어쩌면 우리도 살아가면서 그런 순간을 마주할지 모른다. 하지만 그때 기억할 것은, 내 노력이 부족해서가 아니라 단지 '여기서 인정받지 못했을 뿐'이라는 사실이다.

🌳 공을 던지지 않으면 슛은 들어가지 않는다

미스터리 영화의 거장 히치콕Alfred Hitchcock의 어린 시절은 의외

나는 고작 한번 해봤을 뿐이다

로 평범하다. 내향적인 성격에 친구가 없어서 항상 스스로 만들어 낸 게임을 하며 놀았다. 인간의 불안한 심리를 잘 표현하는 능력은 아마 어릴 때 경험이 작용한 결과일 듯하다. 학창 시절 성적은 중간 정도였고 무엇이 되겠다는 꿈도 없었다. 기술학교를 나와 전신 회사에 입사했다. 전선의 강도와 용량을 계산하는 따분한 일의 연속이었다. 그러다 광고부로 자리를 옮기는데, 이때부터 영화와 인연을 맺는다. 처음에는 자막 제작 일을 하다가 차츰 소품 준비, 시나리오 집필 참여 등 영화 제작에서 중요한 업무에 다가간다. 영화에 대해 준비가 없던 히치콕에게는 하나하나의 단계가 새로운 도전이었다. 그 유명한 영화 〈싸이코〉Psycho의 샤워 장면을 찍으려고 카메라 위치를 일흔 번 넘게 바꾼 것은 히치콕의 자수성가 과정을 되돌아보면 이해가 되는 측면이 있다.

첫술에 배부른 사람은 없다. 거장들도 마찬가지다. 소설가 헤밍웨이Ernest Hemingway는 《무기여 잘 있거라》A Farewell to Arms의 마지막 쪽을 서른아홉 번 수정하고 세상에 내놓았다. 실베스터 스탤론도 영화배우의 꿈을 이루기까지 1,800번 이상의 오디션에 도전했다.

반복적인 실패 경험은 곧잘 포기를 낳는다. 하지만 똑같은 상황에서도 다시 도전하는 사람들은 바로 그곳에서 새로운 가능성을 발견한다. 이들에게 실패는 무언가를 배울 기회를 의미한다. 다시 도전 정신이 싹트는 토양이다. 미국의 빌 게이츠라는 평가를 받는 기업가 마윈은 결과와 상관없이 경험 자체가 성공이라고 강조한다. 고입 재수, 대입 삼수, 30회가 넘는 취업 낙방 외에도 숱하게 실패를 경험하고 얻은 깨달음이다.

에미상을 받은 코미디언 루이스 Jerry Lewis 는 '좋은 공연을 하는 유일한 길은 나쁜 공연을 많이 해 보는 것'이라고 했고, 윈스턴 처칠은 '뭔가를 배울 수 있는 실수들은 가능하면 일찍 저질러보는 것이 이득'이라고 말했다. 에디슨은 전구를 개발하기까지 수천 번의 실험에 실패했는데, 그때마다 그것을 실패로 받아들이지 않고, '필라멘트에 적합하지 않은 물질을 하나 발견했다'고 여겼다. 사실상 성공의 다른 측면으로 받아들인 것이다.

마이클 조던 Michael Jordan 같은 농구 천재를 보면 마치 재능이 천부적으로 타고났다는 인상을 받는다. 얼마나 많은 실패를 했고 얼마나 많이 노력했는지는 쉽게 조명받지 않는다. 조던은 농구 인생을 통틀어 9천 번 이상의 슛에 실패했고, 300회에 가까운 경기에서 패배했으며, 결정적 슛을 놓친 경우도 스물여섯 번이나 된다.

나는 고작 한번 해봤을 뿐이다

과거는 지나갔고 미래는 오지 않았다. 확실한 것은 현재뿐. '지금 공을 던지지 않으면 슛은 들어가지 않는다.' 성공과 실패를 떠나 공을 던졌다는 것만으로도 충분히 좋은 시작이다.

🌳 후회할 일들을 최소화하기

좋아하는 일을 우선으로 고려해야 하는 이유를 '후회'의 관점에서 보면 보다 명확하게 다가온다. 1990년대 초, 세계 최대 인터넷 서점 아마존을 만든 제프 베이조스Jeff Bezos가 창업이라는 인생의 중대한 결정을 앞두고 있을 때다. 인생 선배의 조언을 듣기 위해 상사를 찾아갔다. 그의 상사는 "좋은 아이디어지만 좋은 직장을 다니지 않고 있는 사람이 실행하면 더 괜찮을 수 있는 아이디어인 것 같다"라고 우회적으로 말렸다. 당시 베이조스는 월스트리트에서 잘나가는 펀드매니저였다.

그런데 왜 창업을 결심했을까? 그는 금융 업무보다는 컴퓨터와 관련된 일을 더 좋아했다. 1990년은 팀 버너스리Sir Timothy John Berners-Lee가 만든 최초의 웹브라우저인 월드와이드웹이 대중들에게 알려지던 때였다. 인터넷의 시대가 열린 것이다. 어느 날, 베이조스는 인터넷 사용량이 연간 200~300퍼센트나 증가하고 있다는 통계를 접하게 된다. 1994년 봄의 일이었다. '빠른 성장 속도'

를 보고 앞으로 인터넷은 엄청나게 많은 사람이 모이는 공간이 되리라 생각했다. 운명을 바꿀지도 모르는 기회를 본 것이다.

그러나 큰 결정 앞에서는 누구나 혼란스러운 법. 베이조스 역시 그랬다. 하지만 48시간 이내 최종 결정을 내리겠다고 결심한 터였다. 다행히 아내는 무조건적인 지지를 보냈다. 이제 자신의 결정만이 남았다. 그때 찾아낸 방법은 결정을 극도로 쉽게 만들어 주었다. 그가 나중에 "후회 최소화 프레임 워크"라고 부르던 것이었다. 베이조스는 여든 살이 된 자신의 모습을 상상해 보았다. 목표는 그 시점에서 후회할 일들의 숫자를 최소화하는 것이었다. 이를 통해 한 가지 인생의 진실을 찾았는데, 여든 살이 되었을 때 '무언가를 시도했던 순간들'을 후회할 리 없다는 사실이었다. 반대로 후회할지도 모르는 한 가지는 '시도조차 안 했을 경우'였다. 얼마나 자신을 미치도록 괴롭힐 것인가.

베이조스가 상상한 것은 죽음 앞의 자기 모습이다. 그렇다면 실제 죽음의 문턱에 선 사람들은 무엇을 후회할까. 말기 환자의 고통을 덜어 주는 호스피스 전문의인 오츠 슈이치는 무려 천 명이 넘는 말기 환자들과 대화를 하고 마지막을 기록했다. 그 과정에서 '사람들의 후회에는 커다란 공통분모가 있다'는 사실을 깨달았다. 이 결과물로 나온 것이《죽을 때 후회하는 스물다섯 가

나는 고작 한번 해봤을 뿐이다

지》라는 책이다.

사람들이 죽기 직전 털어놓는 최고의 후회는 '사랑하는 사람에게 고맙다는 말을 많이 했더라면'이었다. 그렇다면 두 번째는 무엇이었을까? '진짜 하고 싶은 일을 했더라면'이었다. 치명적인 병을 얻거나 사고로 다치기 전까지 죽음을 실감하지 못하는 게 인간이다. 그런 점에서 죽음 앞에 선 사람의 교훈은 결코 흘려들을 수 없다. 죽음을 생각해 보면 무엇이 중요하고 무엇이 덜 중요한지 분명해진다.

스티브 잡스의 말을 기억하면 자기가 좋아하는 일을 찾는 데 도움이 될 것이다. "죽음은 삶을 변화시킨다. 여러분의 삶에도 죽음이 찾아온다. 인생을 낭비하지 말기 바란다." 잡스는 2004년 암 진단을 받고 죽음에 가까이 가 본 적이 있었다. 그는 그 사건 이후 죽음에 대해 더 자신 있게 말하고 다녔다. "죽음은 삶이 만든 최고의 발명품이다." 그로부터 3년 뒤 스티브 잡스는 아이폰을 세상에 내놓아 경제, 사회, 문화의 프레임을 한순간에 바꾸었다. 그는 더 많은 일을 하고 싶었다. 하지만 2011년 10월 6일, 56세라는 이른 나이에 세상을 떠났다.

죽음을 생각한 사람만이 시간의 가치를 알고, 그 시간을 지금 바로 움직이는 힘으로 바꾼다. 기적은 거창한 미래에 있지 않다.
기적은, 지금 시작하는 그 한 걸음 속에 숨어 있다.

나는 고작 한번 해봤을 뿐이다

'한번 하기' 실천법

  '한번 하기'를 실천하는 구체적인 방법은 일상 속 작은 움직임에서 시작된다.

  먼저 자기 관리 영역에서는 하루의 시작을 세 가지 할 일로 정리하거나, '오늘 가장 중요한 일은 무엇인가'를 자신에게 묻는 작은 질문에서 출발한다. 10분 일찍 일어나고, 새로운 길로 걸으며, 일과 뒤에 체크 표시를 하는 것만으로도 뇌는 실행력을 회복한다. 스마트폰을 잠시 멀리하고, 책상 위 물건 하나를 정리하고, 업무 성과를 한 줄로 기록하거나 짧은 일기를 쓰는 습관은 삶의 질서를 되찾게 해 준다. 옷장에서 안 입는 옷 하나를 골라내는 일조차 결정력을 기르는 훈련이 된다.

관계를 위한 실천은 더 단순하고 명료하다. 고마운 사람에게 짧은 메시지를 보내고, 가까운 이에게 안부를 묻거나, 대화 중 상대방의 이름을 한 번 더 불러 보는 일. 이처럼 작은 표현은 관계의 온도를 바꾼다. 모르는 사람에게 인사를 건네거나, 말을 끝까지 들어주는 경청은 공감의 출발점이 된다. 때로는 "그렇게 볼 수도 있겠네"라고 말하며 대화를 유연하게 이어 가고, 고마움을 구체적으로 표현하거나 먼저 사과하는 용기를 내보는 것도 관계 회복에 중요한 단서가 된다. 온라인에서도 '좋아요' 대신 댓글 한 줄을 남기는 능동적 표현이 따뜻한 연결을 만든다.

마지막으로 건강 영역에서의 '한번 하기'는 더욱 쉽고 직관적이다. 아침에 일어나 스트레칭 10초, 10분 산책, 하루 한 번 계단 오르기처럼 누구나 당장 실천할 수 있는 일들이다. 물 한 잔 더 마시고, 한 끼를 천천히 먹거나 건강한 식단을 선택하는 행동도 쌓이면 몸의 리듬을 되찾는 힘이 된다. 30분 일찍 잠자리에 들고, 3분간 명상을 하며, 하루 10분 햇볕을 쬐고, 가끔은 혈압이나 체중을 체크하는 일상 속 체크인은 자기 몸에 관한 관심과 책임을 일깨운다.

이처럼 작고 구체적인 실천은 어느 날 삶을 통째로 바꿀 수 있는 출발점이 된다. 한 번만 해 보자. 그 한 번이 생각보다 먼 곳까지 닿아 있을지 모른다.

나는 고작 한번 해봤을 뿐이다

1. 자기 관리(10)

- 하루 시작 전에 오늘의 할 일 3가지만 적기

  → 정리된 하루는 뇌의 피로도를 줄이고 실행력을 높여 준다.

- "오늘 가장 중요한 일은 무엇일까?"를 하루 한 번 묻기

  → 자기 인식self-awareness은 삶의 방향을 명확하게 해 준다.

- 평소보다 10분 일찍 일어나기

  → 아침에 확보한 시간은 주도감이라는 내적 통제감을 준다.

- 새로운 길로 걸어가기

  → 루틴의 변화는 뇌의 가소성을 자극하고 새로운 관찰력과 창
  의성을 키운다.

- 실행 후 체크 표시해 보기

  → 시각적 피드백은 동기를 강화하고 반복을 유도한다.

- 업무 성과 하나 기록하기

  → 성과 기록은 자기 효능감을 높이고 커리어 관리의 기초 데이
  터가 된다.

- 책상 위 물건 하나 정리하기

  → 외부 환경의 정돈은 뇌의 인지 부하를 줄여 집중력을 향상시
  킨다. 작은 정리 습관이 전체적인 조직화 능력으로 확장된다.

- 스마트폰 30분 멀리 두기

  → 디지털 디톡스는 집중력과 현실감각을 되찾는 데 필수적이다.
  30분은 금단증상 없이 시도할 수 있는 적정 시간이다.

- 짧은 일기 쓰기

 → 짧더라도 오늘 있었던 일을 적는 것은 자기 성찰 과정이다. 자기 성찰은 메타 인지 능력을 키워 자신의 패턴을 객관적으로 파악할 수 있게 한다.

- 옷장에서 안 입는 옷 하나 골라내기

 → 일 년 이상 입지 않는 옷 하나를 골라내 보자. 공간의 효율성을 높일 뿐만 아니라 결정력을 기를 수 있다.

2. 관계(10)

- 감사한 사람에게 짧은 문자 보내기

 → 감사 표현은 관계의 질을 높이고 우울감을 낮춘다.

- 누군가의 말 끝까지 들어주기

 → 경청은 가장 쉬운 공감의 방식이며, 신뢰를 쌓는 출발점이다.

- 모르는 사람에게 인사 건네기

 → 사회적 연결감은 하루 기분을 좌우하는 중요한 요소이다.

- 가까운 사람에게 "잘 지내?"라고 안부 묻기

 → 단순한 안부도 연결감을 강화하는 데 충분하다.

- 상대방 이름 한 번 더 부르기

 → 대화할 때 상대방의 이름을 의식적으로 한 번 더 불러 보자. 이름을 부르는 행위는 상대방에 관한 관심을 전달하며, 친밀감을 빠르게 형성한다.

- 토론 중 "그렇게 볼 수도 있겠네"라고 말해 보기

  → 인정은 논쟁을 대화로 바꾸는 열쇠이다.

- 상대방 관심사에 질문하기

  → 상대방의 열정을 들어주는 것은 강력한 관계 형성의 도구가 된다.

- 먼저 사과하기

  → 먼저 사과하는 용기는 관계 회복의 촉매제가 된다.

- 고마움을 구체적으로 표현하기

  → "고맙다"가 아니라 "○○해 줘서 고맙다"라고 구체적으로 말해 보자. 구체적인 감사 표현은 상대방으로 하여금 어떤 행동이 도움이 되었는지 알게 해 주어, 그 행동을 반복할 가능성을 높인다.

- '좋아요' 대신 댓글 한 줄 달아 보기

  → 능동적 표현은 창의적 사고에 긍정적이다.

3. 건강(10)

- 아침에 일어나 스트레칭 10초 하기

  → 단 10초라도 몸을 움직이면 시작 신호가 된다.

- 10분 산책하기

  → 걷기는 가장 접근하기 쉬운 운동으로 기분 개선과 창의성 증진에 효과가 있다.

- 하루에 한 번 계단 오르기

  → 심혈관 건강과 근력 향상에 도움이 되고 운동 습관 형성의 시작점이 된다.

- 물 한 잔 더 마시기

  → 간단한 행동이지만 즉각적인 컨디션 개선 효과를 느낄 수 있다.

- 한 끼 천천히 먹기

  → 천천히 먹기는 소화를 돕고 포만감을 높여 과식을 방지해 준다.

- 한 끼 건강한 음식 선택하기

  → 작은 식습관 변화가 누적되어 건강한 라이프 스타일을 만든다.

- 평소보다 30분 일찍 잠자리에 들기

  → 수면 패턴 개선의 시작점이다.

- 3분 명상하기

  → 짧은 명상도 스트레스 호르몬을 낮추고 집중력을 향상시킨다. 마음 챙김 연습의 시작점이 된다.

- 햇빛 10분 쬐기

  → 햇빛 노출은 비타민 D 합성과 관련이 깊다. 별도 영양제를 챙겨 먹을 필요 없다.

- 혈압, 체중 체크하기

  → 자신의 몸에 대한 관심과 책임감을 기르는 첫 단계다.

행동하는 하루, 가슴 뛰는 삶

사람들은 대개 시작하기 전에 멈춘다. 머뭇거림 속에서 시간은 흐르고, 실행 없는 계획은 끝내 사라진다. 그래서 '한번 해 보기'는 중요하다. 그 한 번이 생각을 경험으로 바꾸고, 변화의 첫 단추가 된다. 작은 시도는 부담이 없다. 실패해도 괜찮고, 오히려 실패 덕분에 다음 시도가 쉬워진다. 그 안에서 우리는 '실패해도 별일 아니네'라는 감각을 얻고, 점차 더 큰 도전을 받아들일 수 있게 된다. 성공도 마찬가지다. 단 10분의 시도에서 얻는 작은 성취가 '나도 할 수 있다!'는 확신을 만든다. 우리는 책으로 수영을 배울 수 없다. 직접 해 보는 것만이 진짜 배움이고, 몸과 마음을 바꾸는 경험이다. 그렇게 생긴 변화는 반복을 낳고, 반복은 습관이 되고, 습관은 결국 정체성이 된다. 오늘도 한번 해 본 사람은 내일도 또 해 볼 가능성이 높다. 그런 사람이 결국 자기 삶을 이끌어 간다. 완벽하게 준비된 다음에 시작하겠다는 말은 결국 아무것도 시작하지 않겠다는 말과 같다. 인생은 실험이다. 실패해도 괜찮은 작은 시도에서 새로운 가능성이 열린다. 점은 나중에 연결되고, 그 점들이 인생의 궤적이 된다.

십 년 전, 블로그에 첫 글을 올린 이후에 일어난 점들을 따라가 본다. 대중 강연 요청이 있었고, 출판 제안을 받았다. 웬만한 일들은 깊게 고민하지 않고 했다. '지나고 보니' 나에게 찾아온 거의 모든 것들이 기회였다. 직장인 대상으로 강연을 하며 나도 몰랐던 잠재력을 재발견했다. 그전까지는 내가 강의할 수 있다고 생각한 사람은 학생들(진로 교육)이거나 학부모들(자녀 교육) 정도였다. 그리고 친구들과의 관계가 풍성해졌다. 몇 번 만나다 보니 소통의 재미를 느낀 것이다. 정말로 '한번 하기'와 점의 연결을 '제대로' 경험했다. 우리에게 기회란 이런 것이 아닐까. 기회의 점은 웬만해선 잘 보이지 않는다. 현재 내가 하는 일들은 대부분 일상적이라 그렇게 특별하게 느껴지지 않는다. 예정에 없던 장소를 가든, 뜻하지 않은 부탁을 받든 그저 일어날 수 있는 일 아닐까. 그러나 '지나고 나면' 분명 보인다. 그 평범한 일상 안에, 뜻밖의 기회가 숨어 있었다는 것을.

책을 본격적으로 쓰며 본받을 만한 사람들의 사례와 근거를 찾아보기로 했다. 내 믿음이 맞는지, 즉 보편성이 있는지 확인하고 싶었다. 중고 서점을 들락거리고, 다큐멘터리를 찾아보고, 구글과 유튜브를 뒤적거렸다. 10대도 아닌 40대를 넘어 50대가 된 내가 위인의 삶을 들여다볼 줄은 생각지도 못했다. 수십 명의 인물을 조사한 결과 분명한 메시지를 얻었다. 그들의 삶을 거꾸로 추적하면 '평범한 한 사람'을 만나게 된다. 시작부터 대단한 사람은 거의 없다. 세기의 천재라고 했던 모차르트 같은 사람도 결코 예외는 아니다. 그의 위대한 작품들이 작곡을 시작한 지 20년이 지나서 나오기 시작했다는 것은 성실함에 대한 증거이다. 이 사실은 큰 위안과 용기를 준다. 그 누구도 미래에 대해 섣불리 예측할 수 없다. 언제든 변할 수 있기 때문이다. 대단한 그들 역시 '한 번의 행동'에서 얻어진 결과 혹은 우연한 발견이 모티브가 됐고, 마음이 가는 대로 몸이 따라간 것이 '성공의 길'이었다. 자료 조사를 하며 책은 한 페이지씩 채워지기 시작했다. 고통보다는 즐거움이 훨씬 컸다. 이 또한 '점의 연결'이라는 믿음이 강했다. 자료를 찾으면 찾을수록 마치 정신 훈련을 받는 것처럼 '한번 하기'라는 메시지는 더욱 선명해졌다. 그사이 나는 점점 더 실천 지향적인 사람으로 변모하게 되었다.

아리스토텔레스Aristoteles는 "시작이 반"이라는 시대의 명언을 남겼다. '한번 하기'도 마찬가지다. '한 번' 하면 전보다 쉬워진다. 그리고 '맛'을 보면 또 하게 된다. 그러다 무언가가 걸린다. 바로 행운이라고 하는 값진 기회다. 혹시 지금 나이가 너무 많다고 자책할 필요는 없다. 난 마흔에 방송 제작 피디에서 모바일 서비스 매니저로 커리어를 전환했다. 그리고 장렬히 실패했다. 하지만 실패의 점은 그걸로 끝은 아니었다. 경력이 되었고 나중에 글로벌 인터넷 서비스를 운영하는 데 자양분이 되었다. 앞서 소개했지만 전혀 뜬금없는 일을 시작해 성공한 사람들도 많다. 또 성공을 못 하면 어떤가? 과정에서 얻는 혜택은 결과와 다른 영역이다. 당신이 서른이든 마흔이든, 100세 시대의 관점에서 보면 충분히 젊은 나이다. 부디 독자들도 나와 같은, 아니 그 이상을 경험하기 바란다. 마지막으로 하고 싶은 말을 잡스의 조언으로 대신하고자 한다.

"여러분에게 주어진 시간은 한정적이다. 다른 사람의 인생을 살면서 삶을 허비하지 마라."

나는 고작 한번 해봤을 뿐이다

개정증보판 1쇄 발행 2025년 12월 31일

지은이 | 김민태
발행처 | 도서출판 혜화동
발행인 | 이상호
편집 | 이희정
주소 | 경기도 고양시 일산동구 위시티 3로 111
등록 | 2017년 8월 16일 (제2017-000158호)
전화 | 070-8728-7484
팩스 | 031-624-5386
전자우편 | hyehwadong79@naver.com

ISBN 979-11-90049-59-7 (03190)